제임스 패커의 기독교 기본 진리

사도신경

일러두기

'제임스 패커의 기독교 기본 진리' 시리즈의 원제는 「*Growing in Christ*」이다. 원서는 총 4부로 구성되어 있지만 독자의 편의와 활용을 위해 네 권으로 분권하였다.

Growing in Christ
Copyright ⓒ 1994 by J. I. Packer

Published by Crossway
a publishing ministry of Good News Publishers Wheaton, Illinois 60187, U.S.A.
This Korean edition is published by arrangement with Crossway Books through rMaeng2, Seoul, Korea.
Korean Copyright ⓒ 2012 by Abba Book House, Seoul, Korea.
All rights reserved.

이 책의 한국어판 저작권은 알맹2 에이전시를 통하여 Crossway Books와 독점 계약한 아바서원에 있습니다. 신 저작권법에 따라 한국 내에서 보호를 받는 저작물이므로 무단 전재와 복제를 금합니다.

제임스 패커의 기독교 기본 진리
사도신경

제임스 패커 지음 | **김진웅** 옮김

아바서원

차례

머리말 6

들어가는 말 12

1장 · 나는 하나님을 믿습니다 ··· 17
2장 · 내가 믿는 하나님 ··· 23
3장 · 아버지 하나님 ··· 31
4장 · 전능하신 아버지 ··· 37
5장 · 천지의 창조주 ··· 45
6장 · 우리 주 예수 그리스도 ··· 53
7장 · 유일하신 아들 ··· 61
8장 · 동정녀 마리아에게서 나시고 ··· 67
9장 · 본디오 빌라도에게 고난을 받아 ··· 73

10장 · 십자가에 못 박혀 죽으시고	··· 79
11장 · 장사된 지 사흘 만에	··· 85
12장 · 하늘에 오르시어	··· 91
13장 · 심판하러 오십니다	··· 99
14장 · 나는 성령을 믿으며	··· 105
15장 · 거룩한 공교회와 성도의 교제와	··· 111
16장 · 죄를 용서받는 것과	··· 117
17장 · 몸의 부활과	··· 125
18장 · 영생을 믿습니다	··· 133

머리말

내가 이 책을 쓰게 된 동기는 성경공부 모임에, 또는 그런 모임에 참여할 수 없어서 혼자 공부하는 사람들에게 필요한 자료를 제공하기 위해서다. 그런 견지에서 이 책은 숱한 성경공부 모임에 사용되고 있는 나의 책 「하나님을 아는 지식」(*Knowing God*, IVP 역간)과 짝을 이룬다. 이 책은 기독교의 가르침 가운데 항상 중심이 되는 세 가지 신조(信條)인 사도신경, 주기도문, 십계명 그리고 세례에 대한 내용으로 구성되었다. 각 부분은 마음만 먹으면 단숨에 소화해낼 수 있을 만큼 짧고 간략한 여러 소제목으로 이루어져 있고, 좀 더 심도 있는 학습을 위해 각 장마다 '스터디 가이드'를 실었다.

사도신경, 주기도문, 십계명, 이 세 가지 신조는 각각 기독교 신앙의 내용, 하나님과의 교제(기도), 행동의 규범을 다룬다. 세례는 하나님의 언약, 그리스도인의 회심(回心)과 약속, 교회생활에 대한 것으로, 논리적 전개 순서에 따라 2부 ('제임스 패커의 기독교 기본 진리' 시리즈 「세례와 회심」편을 말한다-옮긴이)에서 다루었다. 세례 때 받아들이는 신앙의 내용이 먼저 나온 다음 세례에 대해 다루고, 뒤이어 제자의 삶을 보여주는 기도(주기도문)와 순종(십계명)에 대한 고찰이 이어져야 논리적일 것 같아서다.

나는 이 책이 역사적 신앙을 견지(堅持)하는 모든 교회에서 사용되기 바란다. 이런 바람에서 나는 C. S. 루이스가 (리처드 백스터에게서 빌려온 개념인) '순전한 기독교'(Mere Christianity)라고 부른 문제에 국한하여 다루었다. 따라서 나는 로마 가톨릭교회가 사도신경과 복음을 역사적으로 오해한 대목(현대의 많은 로마 가톨릭 신학자들이 이를 극복하려고 애쓰고 있다)을 꼭 지적해야 할 경우를 제외하고는 믿음의 본질에 초점을 맞추려고 노력했다.

압축적이면서 암시적인 방법으로 쓴 각 과의 제목은 당신의 의견과 생각을 유도하는 것에 지나지 않는다. 그러므로 각 주제를 완벽히 소화하려면 '스터디 가이드'에서 제시한 질문과 성경본문을 더욱 심도 있게 연구하기 바란다.

오늘날에는 '교리문답'(catechism, 요리문답)이라는 용어만 들으면 마음이 편치 않은 그리스도인들이 많은데 그럴 필요는 없다. '교리문답'(catechism)이라는 단어는 "들려주어 가르치다"라는 뜻의 헬라어 '카테케오'(*katecheo*)에서 유래한 말일 뿐이다. 영어 'catechism'(문답식 가르침, 교리문답), 'catechumen'(가르침 받는 사람, 또는 세례지원자), 'catechumenate'(체계화한 가르침), 'catechize'(오늘날에는 문답식 교수법만을 가리키지만, 원래는 "가르치다"라는 뜻의 동사)라는 단어가 모두 이 헬라어에서 유래했다. 사도행전 8장에 보면 빌립이 에티오피아 내시를 가르치는 장면이 나오는데, 그 과정이 바로 문답이다.

기독교는 누구에게든 본능적이지도 않으며, 아무 노력 없이 우연히 선택할 수 있는 신앙이 아니다. 기독교는 배워야 하며 따라서 가르침이 필요하다. 그러므로 교회생활 가운데 '체계적인 가르침'(catechumenate)이 반드시 필요하다.

초대교회 시대에는 기독교에 대해 질문하고, 회심하는 사람들이 끊이지 않았다. 그리고 그들의 수준에 맞춰 문답을 해주는 것이 교육의 한 방식이었다. 종교개혁가들은 기독교에 무지한 기독교 국가를 부흥시키기 위해 어린이들을 위한 체계적인 가르침에 집중했다. 1529년 루터가 '어린이 교리문답'을 발표한 이래 한 세기 반 동안, 문자 그대로 수백 개의 교리문답이 쏟아져 나왔다. 대체로 청소년들을 위한 것이었고 그 가운데 일부는 교회의 공식적인 문건이며, 일부는 목회자 개인이 사적으로 쓴 것이었다.

특히 영국국교회(성공회) 기도서 교리문답, 하이델베르크 교리문답, 웨스트민스터 소요리문답이 가장 유명하다.

오늘날 대부분의 개신교 신자들은 교리문답과 문답식 교육을 오직 자녀양육과 관련해서만 생각하고, 성인을 대상으로 쓴 C. S. 루이스의 「순전한 기독교」(Mere Christianity, 홍성사 역간), 빌리 그레이엄의 「하나님과의 평화」(Peace with God, 생명의말씀사 역간), 존 스토트의 「기독교의 기본 진리」(Basic Christianity, 생명의말씀사 역간), G. K. 체스터턴의 「정통」(Orthodoxy, 상상북스 역간)와 같은 책들은 교리문답서가 아니라고 생각한다. 그러나 이 책들은 교회 밖 사람들에게는 기독교 가르침을 소개하고, 교회 안 사람들에게는 신앙의 기초를 확립해준다는 면에서 교리문답서라는 표현이 가장 알맞다.

오늘날 성인들에게 체계적인 기독교교육(문답식 교육)을 부활시키는 일이 절실히 필요하다. 그러나 꼭 교리문답이라고 부를 필요도 없고, 미리 짜 맞춘 형식의 글을 엄격하게 반복 학습하는 형태를 취할 필요도 없다. 오랫동안 개신교도는 자녀에게 교리문답을 가르쳤다. 그런데 어떻게 된 일인지 기독교의 본질을 잘 모르는 사람들이 교회 안팎에 너무나 많다. 그러므로 교회는 이런 사람들에게 기독교의 본질을 탐구할 기회를 주어야 한다. 설교가 그들에게 도움이 되면 좋겠지만 그렇지 않은 경우도 종종 있다. 일반적으로 설교는 설교하는 사람과 듣는 사람 모두 신앙의 근본적인 사항을 확신한다는 전제하에 이루어진다. 만일 이런 확신이 없을 때, 그 사람은 설교를 자신과 동떨어진 것이나 심지어 거슬리는 것으로 느낀다. 그러므로 기독교의 지적 근간을 조사하고, 질문하며, 검토하기에 가장 좋은 환경은 강단 앞이 아니라, 교리문답으로 체계적인 교육을 받는 것이다. 적어도 기독교 역사가 이 점을 시사한다.

현대의 교육 이론은 개인의 탐구, 발견, 집단 토론을 중시한다. 교회의 성인교육이라고 해서 이런 방법을 취하면 안 될 이유는 전혀 없다. 이는 참으로 좋은 방법이다. 기독교는 일정한 내용과 불변의 사항을 지니는 것이지 토론에 의해 계속 재창출되는 무한변수 X가 아니라는 사실을 기억한다면 말이다.

C. H. 스퍼전이 한 이야기 가운데 이런 일화가 있다. 한 아일랜드인이 분리파 교회의 집회에서 어떤 깨달음을 얻었냐는 질문을 받았다. 이때, "아, 그것은 멋진 일이었습니다. 우리 가운데 뭐라도 아는 사람이 아무도 없었습니다. 그저 우리 모두 서로에게 배운 셈이지요"라고 분별없이 한 말은 우리에게 시사해주는 바가 크다. 자칭 기독교 모임에서 공공연히 기독교의 근본을 공부

하고 있다고는 하지만, 이 이야기에서 나타난 바와 같이 겉모양만 기독교일 뿐, 기독교의 근본 내용이 없는 경우를 볼 수 있다. 그러나 기독교의 근본을 소개하는 성경공부 모임에서는(이런 모임을 해마다 쉬지 않고 운영하는 교회들도 있다) 참되며, 반드시 필요한 교리교육, 즉 기독교의 본질을 체계적으로 정리한 내용을 가르치고 있다. 이런 성경공부를 도입함으로써 유익을 얻지 못할 교회는 없으리라고 생각한다.

  이 책이 기독교 신앙의 본질을 더욱 깊이 이해하고, 우리 주(Lord)와 구주(Savior)가 되시는 예수 그리스도 안에서 성장하는 데 작은 도움이나마 되었으면 하는 바람이다.

제임스 패커

사도신경

나는 전능하신 아버지 하나님, 천지의 창조주를 믿습니다.

나는 그의 유일하신 아들, 우리 주 예수 그리스도를 믿습니다.

그는 성령으로 잉태되어 동정녀 마리아에게서 나시고,

본디오 빌라도에게 고난을 받아 십자가에 못 박혀 죽으시고,

장사된 지 사흘 만에 죽은 자 가운데서 다시 살아나셨으며,

하늘에 오르시어 전능하신 아버지 하나님 우편에 앉아 계시다가,

거기로부터 살아 있는 자와 죽은 자를 심판하러 오십니다.

나는 성령을 믿으며, 거룩한 공교회와 성도의 교제와

죄를 용서받는 것과 몸의 부활과 영생을 믿습니다. 아멘.

들어가는 말

도보로 대륙횡단 여행을 하려면 지도가 필요하다. 요즘은 다양한 종류의 지도가 나와 있다. 그중에는 도로, 습지, 바위산 등을 상세히 표시해둔 대축척 입체 모형 지도가 있다. 여행자는 방향과 길을 선택할 때 충분한 정보가 필요하므로 이런 지도를 반드시 소지해야만 한다. 그러나 여행자가 여러 갈림길에서 하나의 길을 선택해야 할 때는 상황이 다르다. 이때는 상세한 지리 사항을 생략하고, 그 장소에서 다른 장소로 이동하는 최단거리 길만 알려주는 소축척 지도가 더 요긴하다. 만반의 준비를 갖춘 여행자라면 두 종류의 지도를 모두 가지고 있어야 한다.

삶을 여행이라고 할 때, 수백만 단어로 된 성경은 그 안에 온갖 정보를 담은 대축척 지도이며, 백여 단어로 된 사도신경(사도들이 썼다는 전설도 있으나 그런 이유 때문에 '사도신경'이라고 부르는 것은 아니다. 사도적 교리를 담고 있기 때문에 그렇게 부른다)은 기독교 신앙의 핵심을 한눈에 보여주기 위해 많은 것을 생략한 간단명료한 지도이다. '신경' 또는 '신조'라는 말은 '신앙'을 뜻한다. 이전 시대의 많은 그리스도인들은 이 신경을 '신앙'이라고 불렀다. 사도신경이 생겨난 2세기에는 '신앙의 원칙'이라고 불렀는데, 이 '신앙의 원칙'(the Rule of Faith)은 현재 우리가 알고 있는 사도신경과 거의 같다.

어떤 사람이 기독교에 대해 물을 때, 질문을 받은 크리스천은 질문한 사람이 성경을 공부하여 가능한 한 빨리, 살아 계신 그리스도를 믿도록 인도하고 싶어한다. 이 두 가지 목적을 동시에 성취하는 수단으로서, 즉 성경의 내용을 미리 교육하고, 그리스도를 믿는 믿음의 기초를 사전에 설명하기 위해 사도신경을 가르치는 것이 도움이 된다.

이 믿음의 기초는 삼위일체와 관련되어 있다. 사도신경은 우리에게 성부, 성자, 성령에 대해 말해주는데, 그 목적은 우리가 삼위일체 하나님에 대해 알더라도, 경험적으로 알 수 있도록 하기 위해서다. 사도신경을 연구하면, 우리는 거기서 무엇을 알게 될까? 그 대답은 영국국교회 기도서 교리문답에 다음과 같이 근사하게 요약되어 있다.

"첫째, 온 세계와 나를 지으신 성부 하나님을, 내가 믿는다는 것을 알게 된다.

둘째, 온 인류와 나를 구원하신 성자 하나님을, 내가 믿는다는 것을 알게 된다.

셋째, 선택받은 하나님의 모든 백성과 나를 성화(聖化)시키시는 성령 하나님을, 내가 믿는다는 것을 알게 된다."

이 사실을 잘 알게 된 사람은 하나님 나라에서 멀지 않다.

지식의 목적은 그 지식을 삶에 적용하는 데 있다. 이 원칙은 기독교에서 가장 확실히 적용된다. 즉, 하나님에 대한 지식이 곧 참지식이 되는 기독교에서 더욱 진실하게 적용된다는 것이다. 여기 사도신경 연구에서 제시하는 것도 삶에 적용하기 위한, 하나님을 아는 지식이다.

1장 나는 하나님을 믿습니다

 사람들에게 무엇을 믿느냐고 물으면, 각기 다른 답을 할 뿐 아니라 전혀 다른 대답을 하기도 한다. "나는 UFO를 믿어"라고 말하는 사람이 있는가 하면, "나는 민주주의를 믿어"라고 말하는 사람도 있다. 앞사람의 말은 UFO의 실체를 인정한다는 뜻일 테고, 뒷사람의 말은 민주주의 원칙이 정의롭고 이롭다는 것을 의심하지 않는다는 자신의 생각을 표현한 것이다. 하지만 그리스도인들이 예배당에 서서 UFO나 민주주의와는 전혀 다른 "나는 하나님을 믿어"라고 말할 때, 그 말이 뜻하는 바는 무엇일까?

 UFO를 한 번도 보지 않고, 투표를 한 번도 해보지 않았더라도 UFO나 민주주의를 믿을 수 있다. 이 경우, 믿음은 단지 지성의 문제다. 그러나 사도신경의 처음에 나오는 "나는 하나님을 믿습니다"라는 말은 신약 기자들의 헬라어투의 표현 방식으로, 문자 그대로 "나는 하나님을 믿고 있습니다"라는 뜻이다. 다시 말해서, 하나님과 관련된 어떤 진리들을 단지 믿기만 한다는 말이 아닌, 하나님께 헌신하는 관계 속에서 하나님을 믿고 하나님과 연합된 삶을 살겠다는 말이다. "나는 하나님을 믿습니다"라고 말하는 것은 하나님이 나를 이 헌신의 관계에 초대했다는 사실을 확신한다는 고백이며, 또 그 초대를 받아들였다고 공언하는 것이다.

믿음

'신앙' 또는 '믿음'에 해당하는 영어 'faith'라는 단어는 헬라어 '*pistis*'에서 온 말로, '*pistis*'는 "믿는다"는 뜻의 동사 '*pisteuo*'(영어로는 'believe into')에서 파생된 명사이다. 그런데 헬라어에 어원을 둔 이 'faith'라는 단어는 동의어인 'belief'라는 단어보다 믿고 의지하며 헌신한다는 의미를 더 많이 내포하고 있다. 'belief'가 견해만을 표현하는 데 비해, 'faith'는 그 대상이 약(藥)이든 의사든 배우자든, 또는 자동차 등의 소유물이든 이를 신뢰할 만한 존재로 여겨 거기에 마음을 바치는 것을 의미한다. 그 의미를 크게 확대한다면 하나님을 향한 믿음도 여기에 속한다.

'믿음'(faith)을 바친다는 것이 어떤 의미인지는, 믿음의 대상이 제공하고 요구하는 것에 따라서 달라진다. 우리는 어떤 장소로 이동할 때 자동차에 몸을 맡김으로써 자동차에 대한 믿음(faith)을 나타낸다. 또 의사의 지시에 따름으로써 의사에 대한 믿음(faith)을 드러낸다. 한편 나를 다스려주시는 하나님께 꿇어 엎드리고, 그분의 아들이신 예수 그리스도를 나의 주와 구주로 맞아들이는 일, 언제 어디서나 내게 복을 주시겠다고 하신 그분의 약속을 의지하는 일이 모두 하나님을 향한 믿음(faith)을 드러낸 것이다. 이것이 사도신경의 하나님이 제공하고 요구하시는 것에 응답하는 믿음의 의미이다.

때로 믿음은 '어떤 초월적인 존재'(또는 사물의 근원)를 인식하는 것이기도 하다. 무딘 마음이 자연, 양심, 위대한 예술이나 사랑 등에 자극을 받아 초월적인 존재를 깨닫는 것이 믿음이라는 것이다. 그러나 기독교의 믿음은 그리스도와 성경 안에 나타난 하나님의 자기 계시를 주목할 때만, 그리고 "어디든지 사람에게 다 명하사 회개하라" 하시고, "곧 그 아들 예수 그리스도의 이름을 믿으라"고 명령하시는 창조주 하나님을 만나는 데서만 생겨난다(행 17:30; 요일 3:23; 요 6:28 이하 참조). 기독교의 믿음은 하나님의 말씀을 듣고, 주목하고, 행하는 것이다.

의심

나는 성경에 나타난 하나님의 계시가 자명한 진리와 권위를 지녔다고 생각하고 이 글을 쓴다. 아무리 비판적으로 분석을 해도 그 사실에는 변함이 없으리라고 생각한다. 그러나 선입견이나 편견이 우리 모두에게 문제를 일으킨다는 것과 많은 사람이 성경의 여러 내용에 의심과 당혹감을 표시한다는 사실도 잘 알고 있다. 그렇다면 과연 이 의심을 어떻게 믿음과 연결시킬 수 있을까?

의심이란 무엇인가? 그것은 마음이 분리된 상태이다. 야고보서 기자의 말을 빌리면 "두 마음을 품어 모든 일에 정함이 없는"(약 1:6-8) 상태이며, 신자에게서든 불신자에게서든 모두 볼 수 있다. 신자의 '의심'은 병들고, 아프고, 활력이 없는 믿음의 상태이며, 불신자의 '의심'은 강제로 다가와 원하지도 않는 요구를 한다고 느껴지는 하나님을 멀리하고, 믿음에 대항하여 싸우려는 상태이다. C. S. 루이스의 영적 자서전인 「예기치 못한 기쁨」(*Surprised by Joy*, 홍성사 역간)에는 이런 의심을 품게 되는 동기에 대해 자세히 나온다. 우리는 의심하면서도 자신이 정직하며, 적어도 정직하려고 노력하는 것만은 확실하다고 생각한다. 하지만 이 세상에 사는 우리에게 완벽한 정직이란 불가능하다. 한 개인이 신앙의 이런저런 내용에 대해 의심을 품을 때, 그 의심 저변에는 알게 모르게 하나님의 말씀을 거부하는 태도가 도사리고 있다. 이런 태도는 소위 학문적 태도에 대한 존중, 종교에 깊이 심취하거나 다른 사람들에게 조롱받는 것에 대한 두려움 또는 그 외 다른 동기에서 기인한다. 그 당시에는 깨닫지 못할 수도 있다. 그러나 돌이켜보면 이런 사실을 분명히 알 수 있다는 점을 밝혀둔다. 의심하는 사람을 도울 수 있는 방법은 무엇일까?

첫째, 문제가 되는 부분을 설명해준다. (의심은 종종 제대로 이해하지 못한 데서 비롯되기 때문이다.) 둘째, 문제가 되는 부분에 해당하는 기독교 신앙의 논거를 제시하고, 그것을 받아들일 수 있도록 자세한 근거를 제시한다. (기독교 신앙은 이성을 뛰어넘지만 이성과 반대되는 것은 아니다.) 셋째, 의심을 일으키는 것이 무엇인지 조사한다. (의심이 반드시 이성이 활동한 결과 이르게 되는 불가피한 종착지는 아니다. 기독교 신앙을 갖지 못하고 주저하는 이유도 좋거나 싫은 감정, 감정상의 상처, 사회적·지적·문화적인 오만함 때문일 경우가 많다.)

개인적인 고백

예배시간에 교인들은 모두 한목소리로 사도신경을 고백한다. 그러나 사도신경 첫 부분은 '우리'가 아니라 '나는 믿습니다'로 되어 있다. 그래서 예배자들 역시 저마다 그렇게 암송한다. 이렇게 해서 각 예배자는 자신의 인생관을 공언하는 동시에 자신의 행복감을 표명한다. 왜냐하면 예배자는 하나님의 품안에 있게 되었고, 하나님의 품은 행복한 곳이기 때문이다. "나는 믿습니다"라고 고백하는 것은 찬양과 감사의 행위이다. 진정 사도신경으로 기도하는 것은 위대한 일이다.

더 읽을 말씀

- 행함이 있는 믿음: 로마서 4장, 히브리서 11장, 마가복음 5:25-34

복습과 적용

- 헬라어 'pistis' 에 해당하는 '믿음'의 본질적 의미는 무엇인가?
- 사도신경 첫머리에 나오는 '나는'이라는 말은 왜 중요한가?
- 당신이나 혹은 다른 사람이 기독교 신앙과 관련하여 가지고 있는 의심 가운데 해결해야 하는 문제는 무엇인가?
- 우리 안에 있을지도 모를 의심과 문제를 밝히는 데 이 장의 접근법이 어떤 도움이 되는가?

2장 내가 믿는 하나님

예배시간에 일어서서 "나는 하나님을 믿습니다"(I believe in God)라고 말할 때, 이 말이 의미하는 것은 무엇일까? 유대교, 이슬람교, 힌두교 등의 신자들과 마찬가지로 신(神)의 존재를 믿으며, 무신론을 배격한다고 공언하는 것일까? 그렇지 않다. 그보다 훨씬 깊은 의도가 있다. 곧 사도신경의 하나님, 기독교의 하나님, 성경의 하나님을 믿는다고 공언하는 것이다. 이 하나님은 최고의 창조주이며, 이분의 '기독교식 이름'(칼 바르트의 표현)은 성부, 성자, 성령이다. 우리가 믿는 하나님이 이런 분이 아니시라면, 더 이상 사도신경에 대해 말할 필요가 없다.

우상

여기에서 분명히 해두어야 할 사항이 있다. "나는 하나님을 믿습니다"라고 말할 때 분별력을 가진 사람과 분별력 없이 말하는 사람 사이에는 큰 차이가 있다는 사실이다. 무신론은 적대시하면서, 한 신앙과 다른 신앙 간의 차이는 매우 부차적인 것으로 간주하고 이교(異敎)는 대적이 아닌 것처럼 생각하는데 그렇지 않다. 성경은 기독교의 신, 즉 하나님을 믿는 자와 다른 신들, 곧 우상을 섬기는 자 사이에 엄청난 차이가 있음을 보여준다. 다른 신들은 '금속으로든 정신으로든'(metal or mental) '만들어진 것'인 데 반해 기독교의 하나님은 스스로 자신을 드러내시는 분이기 때문이다. 우리가 매주일 교회에서 "나는 하나님을 믿습니다"라고 암송해도 실제로는 "나는 하나님을 믿지 못합니다. 아무리 해도 그런 하나님을 믿지 못하겠습니다!"라는 뜻으로 말하는 사람도 있다.

하나님의 이름

성경에는 하나님이 자기 '이름'을 말해주심으로써, 자기를 드러내고, 자기 정체를 밝히셨다고 나온다. 하나님의 이름은 다음 세 가지 사실과 관련하여 나타난다.

첫째, 하나님은 떨기나무 불꽃 가운데서 모세에게 자신의 '고유명사'인 '여호와'(또는 현대 신학자들이 선호하는 발음인 '야훼')라는 이름을 알려주셨다(출 3:13 이하, 6:3). 이 이름은 "스스로 있는 자"라는 뜻으로(I am who I am 나는 나이다, 또는 I will be what I will be 나는 나일 것이다), 하나님의 전능하신 능력을 드러낸다. 하나님은 현 상태의 자신이 되시는 데나 또 원하는 일을 하시는 데 아무런 제약도 받지 않으시는 분이다. 흠정역(KJV) 성경 번역자들이 이 이름을 'the LORD'라고 번역한 것은 합당하다. 이러한 하나님의 전능하심을 사도신경에서는 "전능하신 아버지 하나님"이라고 표현한다.

둘째, 하나님은 모세에게 자신의 도덕적 특성을 설명하시면서 "주(The Lord)라는 이름을 선포했다." "주, 나 주는 자비롭고 은혜로우며, 노하기를 더디하고, 한결같은 사랑과 진실이 풍성한 하나님이다. 수천 대에 이르기까지, 한결같은 사랑을 베풀며, 악과 허물과 죄를 용서하는 하나님이다. 그러나 나는 죄를 벌하지 않은 채 그냥 넘기지는 아니한다"(출 34:6-7, 새번역).

이 '이름'은 하나님의 본성과 하시는 일을 드러내므로 계시적인 이름이라고 해도 좋을 것이다. 이 이름은 성경 곳곳(출 20:5 이하; 민 14:18; 대하 30:9; 느 1:5, 9:17, 32; 시 86:5, 15, 103:8-18, 111:4-9,

112:4, 116:5, 145:8 이하, 17, 20; 욜 2:13; 욘 4:2; 롬 2:2-6)에서 계속 나타난다.

성경에 기록된 하나님의 모든 행동이 이 이름에 나타난 하나님의 특성을 잘 드러내고 이를 확증한다. 사도 요한이 하나님을 '빛'과 '사랑'(요일 1:5, 4:8)으로 묘사하면서 하나님의 두 가지 특성에 초점을 맞춘 것은 주목할 만하다. 그는 하나님에 대한 예수의 가르침을 이 두 단어로 요약했다. 두 단어가 뜻하는 것은 하나님은 의(義)와 깨끗함이 결여된 사랑도 아니고, 다정함과 불쌍히 여김이 결여된 곧음도 아니다. 거룩한 사랑인 동시에 사랑을 베푸는 거룩함이며, 그 정도를 헤아릴 수 없는 분이라는 의미다.

하나 안의 셋

셋째, 하나님의 아들은 "아버지와 아들과 성령의 이름으로" 세례를 주라고 제자들에게 당부했다(마 28:19). '이름들'이 아니라 '이름'이라고 한 것에 주의하라. 삼위(三位)가 한 하나님을 이룬다. 여기에서 우리는 가장 심오하고 가늠하기 어려운 삼위일체의 진리와 마주하게 된다. 사도신경은 이 삼위일체의 진리를 세 절에서("…아버지 하나님을… 그의 유일하신 아들, 우리 주 예수 그리스도를… 성령을…") 증거한다.

우리는 이 삼위일체의 진리를 어떻게 이해해야 할까? 본래 하나님의 삼위일체성은 우리가 이해하기 어려운 초월적인 사실이다. (하나님의 영원함과 무한함, 전지전능함, 우리의 개별적인 행동까지 통제하시는 섭리 등도 마찬가지이다. 실로 하나님과 관련한 모든 진리는 정도의 차이는 있을지언정 우리가 완전히 이해할 수는 없다.) 영원한 한 분 하나님이 영원히 단수이자 복수일 수 있다는 것, 성부, 성자, 성령이 그 위격(位格)은 달라도 본질은 동일하다는 것(이 진리에 비추어볼 때, 하나가 아니라 세 신이라고 믿는 삼신론과, 셋이 아니라 하나의 신이라고 믿는 유니테리언파의 주장은 둘 다 틀렸다)을 우리가 어떻게 완전히 이해할 수 있겠는가?

성경에 있는 대로 고백하지 않고 그것을 설명하거나 추론에 의하여 그 신비를 벗겨보려는 시도는 어떤 것도 실패할 수밖에 없다. 하나님의 다른 면모도 마찬가지이거니와 피조물의 작은 두뇌로는 도저히 이해할 수 없을 만큼 우리 하나님은 광대하시다. 그러나 기독교 신앙의 역사적 근거가 되는 사실, 즉 원래 하나님이신 한 분이 자기 아버지께 기도하신 사실과 자신의 사역을 지속할 '또 다른 보혜사'를 보내겠다고 약속하신 사실은 필연적으로 하나님의 본질인 하나 안의 셋 됨을 암시한다. 그리고 기독교 신앙에서 보편적으로 경험하는 사실, 즉 우리 속에서 우리를 격

려하시는 성령 하나님을 통해, 위에 계신 성부 하나님께 예배드리고, 곁에 계신 성자 하나님과 동행한다는 사실과 우리를 구원하기 위한 삼위의 협동적인 역사(役事) 역시 하나 안의 셋인 하나님의 본질을 암시한다.

성부는 구원의 계획을 세웠고, 성자는 이루셨으며, 성령은 그 구원을 적용하신다. 성경은 여러 곳에서 이를 증거한다. 그 예로는 로마서 8장 1-17절, 고린도후서 13장 14절, 에베소서 1장 3-14절, 데살로니가후서 2장 13, 14절, 베드로전서 1장 2절이 있다. 그리스도의 복음을 분석해보면 삼위일체의 진리가 복음의 근본이자 틀임이 증명된다.

한 분 하나님을 복수로 볼 수 있었던 것은 오직 성육신(成肉身)에 집중된 은혜의 역사(役事)를 통해서만 가능했다. 은혜의 역사를 믿지 않는 사람은 당연히 삼위일체의 진리도 의심한다.

그러나 사도신경의 하나님은 삼위일체 하나님이다. 지금 우리는 이런 하나님을 섬기는가? 우리 역시 우상을 숭배하는 자로 전락한 것은 아닌가?

더 읽을 말씀

- 계시된 하나님: 요한일서 1:1-18

복습과 적용

- "성경을 보면 기독교의 하나님을 믿는 사람과 우상을 섬기는 사람 사이에 엄청난 차이가 있다"고 말하는데, 그것은 무슨 의미인가? 당신은 거기에 동의하는가, 아니면 동의하지 않는가? 그 이유는 무엇인가?
- 하나님의 이름 '여호와'의 기본적인 의미는 무엇인가? 그 이름으로 우리는 하나님에 관하여 무엇을 알 수 있는가?
- 왜 그리스도는 제자들에게 "아버지와 아들과 성령의 이름('이름들'이 아니라 '이름')으로" 세례를 주라고 당부하셨는가?

3장 아버지 하나님

사도신경 암송이 예배의 일부인 교회에서는 그전에 대체로 ("성부 성자 성령께 찬송과 영광 돌려 보내세"라는) 찬송가를 불러 하나님의 아버지되심을 찬양한다. 이 주제는 찬송가 작가라면 거의 기본적으로 강조하는 것이다. 우리는 이것을 어떻게 이해해야 하는가?

창조

사도신경의 "전능하신 아버지 하나님, 천지의 창조주"란, 우리와 모든 만물의 생존이 매 순간 창조주 하나님께 달려 있다는 사실을 염두에 둔 표현임이 확실하다. 여기에서 창조주를 아버지라고 부르는 것은 비성경적이지 않다. 구약 말라기 2장 10절의 "우리는 한 아버지를 가지지 아니하였느냐 한 하나님께서 지으신 바가 아니냐"라는 말씀과, 바울이 아덴(아테네)에서 설교할 때, 그리스 시인의 말을 호의적으로 인용한 "우리가 그의 소생이라"라는 사도행전 17장 28절의 말씀이 이를 뒷받침한다. 그러나 이 두 구절의 배경은 하나님의 심판을 언급하고 있다. 바울이 아덴에서 전한 복음적인 설교는 하나님의 자녀라 할지라도 하나님을 찾고, 예배하고, 순종해야 하는 의무가 있으며, 심판 날에 하나님이 책임을 물으시는 관계임을 밝힌다. 나아가 그리스도를 믿지 않고, 지은 죄를 회개하지 않는 곳에는 하나님의 은혜도 용납도 없음을 명시한다(사도행전 17:22-31에 있는 바울의 설교를 참조하라).

하나님의 보편적인 부성(父性)을 강조하는 어떤 사람들은, 그 부성 때문에 모든 사람이 지금도, 앞으로도 항상 구원의 상태에 있을 것이라고 생각하는데 그러한 보편구원론 혹은 만인구원론은 성경적인 견해가 아니다. 바울은 "십자가의 도가 미련한 것"이라고 여기는 사람들을 "멸망하는 자들"이라고 말하며(고전 1:18), 아무리 하나님의 소생일지라도 "진노의 날 곧 하나님의 의로우신 심판이 나타나는 그날에 임할 진노를 [스스로] 쌓는"(롬 2:5) '완고한 자들'에게 경고한다.

아버지와 아들

신약은 하나님이 아버지이심을 말할 때 창조와 관련되지 않은 다른 두 관계에 대해 말한다.

첫 번째 관계는 '하나님의 내적 삶'이다. 영원한 성삼위 안에는 아버지와 아들의 가족 관계가 있다. 이 땅에 계실 때, 아들은 '나의 아버지'라고 부르며 예배드리고 기도했던 한 분을 '아바'(존경하는 '아버지'라는 뜻의 아람어)라고 불렀다.

예수께서는 이 관계의 의미에 대해 직접 말씀해주셨다. 아들은 아버지를 사랑하고(요 14:31), 언제나 아버지가 기뻐하시는 일을 한다(요 8:29). 아들은 매 순간 아버지의 인도에 의존하기 때문에 아무것도 스스로 하지 않으며(요 5:19, 20, 30) 그분이 일러주신 뜻을 절대로 버리지 않는다. "내 아버지여… 그러나 나의 원대로 마옵시고… 아버지의 원대로 되기를 원하나이다"(마 26:39, 42). "아버지께서 주신 잔을 내가 마시지 아니하겠느냐"(요 18:11).

한편, 아버지도 아들을 사랑하시고(요 3:35, 5:20), 그에게 영광을 주시며, 그가 할 위대한 일을 주셔서 아들을 존귀한 존재로 만드신다(요 5:20-30, 10:17-18, 17:23-26). 생명을 주시는 일과 심판하시는 일은 전적으로 아들에게 맡겨졌다. "이는 모든 사람으로… 아들을 공경하게 하려 하심이라"(요 5:23).

하나님과 아들의 사랑 넘치는 영원한 부자 관계는 은혜 안에서 구원받은 백성과 하나님의 관계의 원형이며, 하나님이 인간의 가족 안에 만들어놓으신 부모와 자녀 관계의 전형이다. 바울은 "하나님 곧 우리 주 예수 그리스도의 아버지"를 "하늘과 땅에 있는 각 족속(영어로는 family, 공동번역성경에는 가족-옮긴이)에게 이름을 주신 아버지"라고 말했다(엡 1:3, 3:14-15). 인간의 가족은 성격상 하늘에 계신 아버지와 아들의 관계를 반영한다. 따라서 부모와 자녀의 관계는 하늘에 계신 아버지와 이들의 상호적인 사랑에 부합하는 사랑을 나타내야 한다.

양자 삼음

두 번째 관계는 믿는 죄인들을 하나님의 가족에 양자로 맞아들이는 것과 관련 있다. 이것은 예수 그리스도를 구주요, 주님으로 믿는 믿음에 따라 하나님에게서 값없이 받는 의롭다 함과 거듭남에 이은 신비한 은혜의 선물이다. "[예수를] 영접하는 자 곧 그 이름을 믿는 자들에게는 하나님의 자녀가 되는 권세를 주셨으니 이는… 하나님께로부터 난 자들이니라"(요 1:12-13).

예수께서 죽었다가 살아나셨을 때 제자들에게 하신 말씀은 "내가 내 아버지 곧 너희 아버지, 내 하나님 곧 너희 하나님께로 올라간다"(요 20:17)는 말씀이었다. 이 말씀을 보면 제자들은 하나님의 가족에 속한다. 바로 이 구절에서 예수께서는 그들을 '내 형제들'이라고 부르셨다. 예수께서 구원하신 모든 사람이 그분의 형제다.

사도신경의 첫 구절을 암송할 때, 그리스도인은 이런 내용을 모두 담아 자신을 창조하신 분을 자신을 구원하신 분의 아버지인 동시에 (그리스도를 통해) 자기 자신의 아버지로, 즉 독생자를 사랑하실 뿐만 아니라 자신을 사랑하시는 아버지로 고백하는 것이다. 그것은 우리가 할 수 있는 최상의 고백이다.

전능하신

하나님 아버지는 "전능하시다." 이 말은 하나님이 작정하신 일이면 무엇이든지 할 수 있고 하신다는 뜻이다. 하나님이 그분의 자녀를 위해 작정하신 일은 무엇인가? 정답은 지금 그들의 맏형(그리스도)이 즐기는 모든 것에 동참하도록 하는 일이다. 믿는 자들은 "하나님의 상속자요 그리스도와 함께한 상속자니 우리가 그와 함께 영광을 받기 위하여 고난도 함께 받아야 할 것"이다(롬 8:17). 고난을 받으면 영광을 잃지 않는다. 전능하신 아버지는 그것을 예비해두셨다. 그분의 이름을 찬양하라.

더 읽을 말씀

- 그리스도 안에서 양자됨: 에베소서 1:3-14, 갈라디아서 4:1-7

복습과 적용

- "우리가 그의 소생"이라는 말은 하나님이 아버지라는 것과 관련하여 무엇을 뜻하는가?
- 하나님의 아버지 되심은 삼위일체에서 어떻게 나타나는가?
- 예수께서 모든 그리스도인을 자기 '형제'라고 부를 수 있었던 이유는 무엇인가?

4장 전능하신 아버지

사도신경은 "전능하신" 하나님 아버지에 대한 믿음을 선포한다. '전능하신'이라는 형용사가 중요한가? 그렇다. 대단히 중요하다. 이 형용사는 성경의 기본이 되는 사실, 즉 하나님은 자신의 세계를 다스리시는 주(主)요, 왕이며, 무엇이든지 하실 수 있는 분이라는 점을 보여준다. 시편 93편, 96편, 97편, 99편 1-5절, 103편 등 하나님의 통치를 선포하고 찬양하는 구절에서 볼 수 있는 황홀한 기쁨에 주목해보라. 사람들은 하나님의 주권을 논쟁거리로 삼지만, 성경에서는 예배할 사항이다.

하나님의 주권이라는 관점에서 보지 않으면, 우리는 하나님의 방식을 온전히 이해할 수 없다. 사도신경 처음에 하나님의 주권을 선포하는 것도 바로 이런 이유 때문이다. 그러나 신자의 마음이 하나님의 주권에 이끌리더라도, 그 진리를 완전히 이해하기란 어려우며, 수많은 의문이 생긴다.

하나님이 하실 수 없는 일

첫째, '전능'이라는 단어가 문자 그대로 하나님은 무엇이나 하실 수 있다는 것을 의미할까? 그렇지 않다. 하나님도 하실 수 없는 일이 있다. '네모난 원'처럼 이치에 맞지 않거나 자기모순에 해당하는 일은 하실 수 없다. 그리고 (이것은 극히 중요한 사항인데) 하나님은 자신의 성품에서 벗어난 일은 하지 않으신다. 하나님의 성품은 완전하고 도덕적이다. 그 성품을 부정하는 요소는 그분 안에 없다. 그분은 변덕스럽거나 사랑이 없거나 부당하거나 멋대로 행동하거나 모순될 수 없다. 불의하게, 속죄 없이 죄를 용서하실 수도 없거니와 믿음 안에서 고백한 죄를 용서하지 않거나 스스로 하신 약속을 지키지 않으신다면, 이것 역시 공의롭지 못하다. 그러므로 하나님은 이 두 가지 점에서 충실과 공정을 기하신다. 도덕적 불안정이나 우유부단함, 불신은 나약함의 표시이다. 하지만 그런 불완전과 완전히 거리가 먼 극도의 강함이 바로 하나님의 전능이다.

앞서 설명한 내용을 명확히 표현하자면 이렇다. 거룩하고 이지적인 하나님은 아무리 장애가 되는 일이 있다고 해도, 뜻하시는 모든 일을 이루신다. "주님은… 뜻하시는 것이면 무엇이든, 다 하시는 분이다"(시 135:6, 새번역). 하나님이 세상을 만들기로 작정하셨을 때, "말씀하시매 이루신"(시 33:9; 창 1장 참조) 것처럼, 하나님이 뜻하시는 것은 모두 이루어진다. 사람은 작든 크든 실패하는 일이 많지만 하나님은 그렇지 않다.

인간의 자유의지

둘째, 뜻하는 것을 이루시는 하나님의 능력이 인간의 자유의지에 의해 제한되지는 않는가? 아니다. 책임이 뒤따르기는 해도 자발적으로 선택할 수 있는 이 인간의 능력은 신비한 요소지만 분명 하나님이 창조하신 인간의 본성 가운데 하나다. 자신의 뜻을 이루시는 하나님의 능력은 그분이 만든 그 어떤 피조물에도 제한받지 않으신다. 물리 법칙의 작용으로 뜻을 이루시는 것처럼, 하나님은 우리 마음의 작용을 통해서도 그분의 뜻을 이루신다. 어떤 경우에도 피조물의 독립성은 유지된다. (하나님이 초자연적으로 개입하신 기적의 경우를 제외하면) 하나님은 강제하지 않고 그 뜻을 이루신다. 그러나 세상만사는 하나님이 정하신다.

그러므로 하나님은 피조물의 본성을 침해하지 않고, 즉 인간의 행동을 로봇 수준으로 떨어뜨리지 않고서도, "모든 일을 그의 뜻의 결정대로"(엡 1:11) 이루신다.

그렇다면 자유의지란 가상적이고 실재하지 않는 것이 아닌가 하고 오해하기 쉽지만 그것은 우리가 생각하기에 달렸다. 우리의 의지가 하나님과 별도로 작용할 때만 자유롭다고 생각한다면, 자유의지는 분명 가상의 것이다. 그러나 자유의지를, 자발적으로 결정하고 선택하는 능력(신학자들은 이를 '자유로운 작인[作因]'이라고 한다)이라고 생각한다면 자유의지는 실재한다. 창조된 것은 모두 하나님 안에 존재한다. 그러므로 창조된 인간의 자유의지 또한 하나님 안에 존재한다. 하나님이 인간의 자유의지를 무시하지 않으면서도 어떻게 그것을 유지하며 통치하시는지는 정확히 알 수 없다. 그러나 우리는 하나님이 인간의 자유의지를 침해하지 않으면서 일하신다는 것을 다음 두 가지 이유에서 확실히 알 수 있다.

첫째, 우리는 우리 자신의 자유의지로 결정하고 행동한다는 것을 경험으로 알고 있다.

둘째, 우리의 행동은 도덕적으로 우리 자신의 것이며 그 행동에 대해 하나님 앞에 책임져야 한다고 성경에서 엄정히 주장하기 때문이다.

악은 정복된다

셋째, 악(도덕적 악함, 무고한 고통, 선의 결핍)의 존재는 결국 하나님 아버지가 전능하지 못하다는 것을 말해주는 것이 아닌가? 그분이 전능하시다면 이런 것들을 제거하시지 않겠는가? 물론 하나님은 악을 제거하실 것이고 지금도 그렇게 하고 계신다. 당신과 나처럼 악한 사람들이 그리스도를 통하여 이미 선하게 변화되어가고 있다. 고통과 질병이 없는 새로운 몸, 그런 육체를 지닌 사람들이 머무는 새로운 세계가 재건되고 있다. 바울은 이렇게 말한다. "현재의 고난은 장차 우리에게 나타날 영광과 비교할 수 없도다"(롬 8:18, 19-23절 참조).

세상에서 악을 제거하고 새로운 질서가 확립되도록 하는 일이 우리가 원하는 것보다 더디게 진행되는 이유는 세상의 악에 희생될 사람들을 더 많이 건져내기 위함이며, 이를 위해 하나님은 그분의 은혜로운 뜻을 널리 펼치고 계신다(벧후 3:3-10, 특히 8절 이하 참조).

좋은 소식

하나님이 창조, 섭리, 은혜를 통틀어 전능하시다는 진리는 우리가 하나님 안에서 누리는 믿음, 평화, 기쁨의 근원이자 응답받는 기도, 현세에서의 보호, 최후의 구원처럼 우리의 모든 소망이 되는 방패막이다. 이 세상을 지배하는 것은 운명도, 운세도, 우연도 아니다. 인간의 어리석음이나 사탄의 악의도 아니다. 세상을 다스리는 것은 도덕적으로 완전한 하나님이다. 그분을 대신하거나 그분의 뜻과 사랑을 방해할 수 있는 존재는 없다. 내가 그리스도께 속한 자라면 말이다.

나는 지극히 높은 보호자를 두었네.
눈에 보이지는 않지만,
영원히 곁에 계시고, 변함없이 구원에 충실하시며,
다스리고 지배하시는 전능하신 보호자를….
주님이 나의 방패요, 태양이시라면,
내게는 밤도 어둡지 않으니.
인생이 빠르게 지나면 그만큼,
나는 주님께 더 가까이 갈 것이네.

지금껏 들은 소식 가운데 가장 좋은 소식이다.

더 읽을 말씀

- 만사를 통치하시는 하나님: 창세기 50:15-26, 시편 93편, 사도행전 4:23-31

복습과 적용

- '전능하사'가 의미하는 것은 무엇인가? 하나님이 전능하다고 믿는 것이 중요한 이유는 무엇인가?
- 전능하신 분조차 할 수 없는 일이 있다고 말하는 것은 어떤 의미인가? 과연 진실인가?
- 하나님의 능력은 인간의 자유의지에 의해 제한되는가? 왜 그런가, 또는 왜 그렇지 않은가?

5장 천지의 창조주

성경은 "태초에 하나님이 천지를 창조하시니라"라고 시작한다. (성경에서 '천지'란 존재하는 모든 것을 가리킨다.) 창세기 1장과 2장이 우리에게 창조의 방법을 얼마나 많이 (또는 얼마나 적게) 일러주는지, 예를 들어 유기체가 수천 년의 세월이 흐르는 동안 진화한다는 생각을 배제하는지 그렇지 않은지에 대해서는 의견이 분분하다. 그러나 성경 속 창세기가 세상을 창조한 '방법'에 주목하려는 것이 아니라, 세상을 창조하신 '그분'에 대해 말하고 있다는 것은 이론의 여지가 없다.

창조의 예술가

도로시 세이어즈의 탐정소설 가운데, 결말 부분에 "방법을 알면 누가 했는지 안다"는 소제목이 달린 책이 있다. 그러나 창세기 1, 2장은 방법에 대해 많은 답을 주지 않고도 그 누군가에 대해 말하고 있다. 현대인은 이것을 결점으로 생각할지도 모르겠다. 그러나 역사적인 시각에서 본다면, '누구'보다는 '어떻게'에 집중하는 현대의 '과학적' 선입견이 오히려 더 이상해보인다. 따라서 우리의 세속적 관심을 만족시키지 못한다는 이유로 창세기 1, 2장을 비판하지 말라. 가장 중요한 문제는 자연의 창조주가 누군지 모르는 채 자연을 알려고 하는 우리의 뒤틀린 열정이다. 이는 비판받아 마땅하다.

창세기 1, 2장이 전하고 있는 것은 바로 이것이다.

"바다를 보았는가? 하늘은? 해와 달과 별은? 새와 물고기를 바라보았는가? 광활한 대지, 초목, 동물, 곤충 등 크고 작은 모든 것을 보았는가? 인간이 지닌 수많은 능력과 기술, 훌륭함, 복잡다단함에 경탄을 금할 수 없을 것이다. 남녀 사이에서 일어나는 매력과 애정 등 인간이 나눌 수 있는 진지하고 깊은 감정을 보고 놀라지 않았는가? 환상적이지 않은가? 자, 이제 그 모든 것 뒤에 계신 분을 만나보기 바란다!"

이것은 마치 "이런 명화를 즐겼으니 이제 그 화가와 악수를 나눠보라. 그 음악에 감탄만 하지 말고 그 작곡가를 만나보라"고 말하는 듯하다.

창세기 1, 2장의 기록은 창조를 노래하는 시편 104편, 욥기 38-41장과 더불어 창조보다는 창조주를, 자연과학보다는 하나님에 대한 지식을 일러준다.

창조에 관한 한 하나님은 장인(匠人)이며 그 이상이다. 장인은 존재하는 물질로 모양을 만들기 때문에 그 물질에 제한을 받는다. 그러나 어떤 물질도 하나님이 "…이 있으라"라고 명하시기 전에는 존재하지 않았다. 이 점을 명확히 하기 위해, 신학자들은 '무(無)에서의 창조'를 언급한다. 이 말은 그 어떤 것도 없었음이 아니라 창조 때 하나님이 완전히 자유로웠고, 전혀 아무런 제약이 없었다는 것을 의미한다. 만들 것을 결정하고 만들 모양을 결정하는 일에 그분의 생각 이외에 다른 것은 그 어떤 것도 없었다.

창조주와 피조물

창조주와 피조물을 구별하는 것은 섭리와 은혜 가운데 하나님의 주권을 강조하는 성경의 기본 관점이며 하나님과 인간에 대한 모든 진실한 사고(思考)의 근간이다. 이런 이유 때문에 사도신경에는 창조주와 피조물을 구별하는 내용이 들어 있다. 그 중요성은 적어도 세 가지나 된다.

첫째, 우리는 창조주와 피조물을 구별하여 하나님에 대한 오해를 그쳐야 한다. 하나님이 자기 형상대로 우리를 창조하셨지만, 우리는 우리 형상대로 그분을 생각하려고 한다. ("인간은 자기 형상대로 하나님을 만들었다"는 볼테르의 말은 허풍에 지나지 않는다.) 그러나 창조주와 피조물의 구별은 우리가 하나님께 의존하듯 하나님이 우리에게 의존하시지 않는다고 일러준다. 나아가 하나님은 우리의 뜻에 따라, 우리의 기쁨을 위해 존재하는 분이 아니시며, 그분의 삶을 우리의 삶과 동일하게 여길 수도 없다고 강조한다. 우리는 피조물이므로 한계가 있다. 우리는 모든 것을 알 수 없으며, 모든 곳에 있을 수도 없다. 하고 싶은 일을 모두 할 수 있는 것도 아니고, 세월이 흐르면 변하지 않을 수 없다.

그러나 창조주에게는 이런 한계가 없다. 그러므로 우리는 그분을 이해할 수 없다. 이치에 닿지 않아서가 아니라 우리의 이해를 초월하는 분이기 때문이다. 우리가 그분을 가늠할 수 없는 것은 개와 고양이가 인간을 가늠할 수 없는 것과 마찬가지다. 루터는 하나님에 대한 에라스무스의 생각이 지나칠 정도로 인간적이라고 말했다. 이 말은 교회에 만연한 모든 합리주의의 뿌리를 제거하는 계기가 된 너무나 옳은 지적이다! 우리는 하나님에 대한 우리의 생각을 스스로 비판하는 법을 배워야 한다.

둘째, 이 구별을 통해 우리는 세상에 대한 오해를 그치게 된다. 세상은 그것을 만드신 분의 뜻과 능력에 의해 현재의 안정된 상태를 유지하고 있다. 세상은 만드신 분의 것이지 우리 것이 아니다. 따라서 멋대로 세상을 대해서는 안 된다. 올바른 관리자로서 하나님께 책임을 지는 자세로 대해야 한다. 더욱이 세상은 그분의 것이기 때문에, 그 가치를 낮게 평가해서도 안 된다. 물질뿐 아니라 그 물질을 경험하는 육체가 모두 악하기 때문에, 가능한 한 물질을 거부하고 무시해야 한다고 생각하는 종교가 많다. 인간성을 황폐화하는 이런 견해를 지녔으면서도 자칭 기독교라고 주장하는 경우도 많은데, 이는 참된 기독교라고 할 수 없다.

하나님이 만드신 물질은 보시기에 좋았고, 지금도 좋은 것이며(창 1:31), 우리가 보기에도 좋은 것이어야 하기 때문이다(딤전 4:4).

우리는 이 세상의 것을 감사히 쓰고 즐길 줄 알아야 한다. 그러므로 그것의 진정한 가치와 그것을 우리에게 주신 하나님의 관대함을 깨달아 그분을 섬겨야 한다. 하나님이 만드신 어떤 것의 가치를 떨어뜨려 창조주를 섬기려는 시도는, 자칫 영성(靈性)을 추구하는 것 같아도, 하나님을 섬기는 것도 인간을 아끼는 것도 아니다.

셋째, 이 구별을 통해 우리는 자신을 오해하지 않게 된다. 인간은 스스로 자신을 만든 존재가 아니다. 그러므로 자신을 주인으로 생각해서는 안 된다. "나를 지으신 이는 하나님이다. 하나님이 나를 만드신 목적은 이 자리에서 내가 그분을 섬기도록 하기 위해서다." 우리가 주목해야 할 인생의 첫째가는 현실이란 우리를 향하신 하나님의 요구다. 우리가 그 현실을 언제나 직시하려면 자신이 피조물이라는 건강한 자의식이 필요하다.

더 읽을 말씀

- **창조주 하나님**: 창세기 1-2장, 이사야 45:9-25

복습과 적용

- "…이 있으라"는 하나님의 말씀이 중요한 이유는 무엇인가?
- '창조주와 피조물의 구별'은 하나님이 자기 형상대로 사람을 만드셨다는 것과 어떤 관련이 있는가?

• 물질은 악한 것이 아니라고 자신 있게 말할 수 있는 이유는 무엇인가?

6장 우리 주 예수 그리스도

사도신경은 "나는… 하나님 아버지를 믿습니다. 나는 그의 유일하신 아들 예수 그리스도를 믿습니다"라고 선포한다. 사도신경에서 하나님을 "천지의 창조주"라고 고백할 때, 기독교는 힌두교를 포함한 동양 종교 전반과 이미 그 궤도를 달리했고, 이제 예수 그리스도를 하나님의 유일하신 아들(외아들)이라고 부름으로써 유대교, 이슬람교와 갈라져 독자적인 자리를 차지한다. 예수에 관한 그러한 선언은 기독교의 시금석이자 기독교를 다른 종교와 구별 짓는 독특한 요소다. 신약은 오로지 이 주장을 선포하고 정당화하기 위해 기록되었다. 그러므로 사도신경이 다른 어떤 내용보다 예수에 대해 자세히 진술한 것은 결코 놀라운 일이 아니다.

그리스도, 사도신경의 중심

사도신경은 앞뒤 성부와 성령에 대한 짧은 진술 사이에 예수 그리스도에 대해 길게 진술하고 있다. 이 진술은 사도신경의 중심에 배치되었다. 예수 그리스도를 떼어놓고는 삼위일체나 구원, 몸이 다시 사는 것과 영원히 사는 것을 알 수 없다. 그러므로 예수 그리스도에 대한 고백은 사도신경의 중심을 이룬다. 하나님의 백성을 구원하시고, 기독교의 모든 진리를 드러낸 분이 바로 예수 그리스도다.

사도신경이 그분을 어떻게 진술하는지 보라.

'예수'("하나님은 구원자이다"라는 뜻의 '여호수아'에 해당하는 헬라어)라는 그분의 이름은 적절하다. 그 이름은 역사상의 인물, 즉 갈릴리 나사렛 출신으로 마리아의 아들이며, 시골 랍비로 3년간 일하다가 기원후 30년경 로마 당국에 의해 처형된 전직 유대인 목수를 가리킨다. 사복음서는 그의 사역을 상세히 묘사한다.

'그리스도'(문자적 의미로는 "기름부음 받은 자")는 성(姓)이 아니다. 옛날에 그 사람의 직업을 나타내는 기능을 한 스미스(Smith, 대장장이)나 테일러(Taylor, 재단사), 패커(Packer, 짐 꾸리는 사람) 같은 성이라면 몰라도, 일반적인 의미의 성은 아니다. 장로교인들은 '그리스도'를 일종의 '직함'처럼 사용한다. 그래서 예수를 유대인들이 오랫동안 기다려온 하나님이 약속하신 기름부음 받은 구주이자 왕과 동일시한다. '그리스도'는 하나님의 주권을 확립하고, 온 세계를 지배하는 자로서 손꼽아 기다리던 존재이다. 그러므로 예수를 그리스도라고 부른다는 것은 그분을 역사의 결정적인 자리에, 그리고 세상 모든 사람이 인정하는 우주의 지배자 자리에 앉히는 것이다. 초대 그리스도인들은 이 점을 분명히 인식했는데, 사도행전의 기록에 이런 모습이 잘 나타나 있다(행 2:22-36, 3:12-26, 5:29-32, 10:34-43, 13:26-41 참조). "이를 위하여 그리스도께서 죽었다가 다시 살아나셨으니 곧 죽은 자와 산 자의 주(主)가 되려 하심이라"(롬 14:9). 모든 무릎을 예수의 이름에 꿇게 하시고"(빌 2:10).

또한 예수를 '그리스도'라고 부른 것은 구약시대에 기름부음을 받은 '선지자'(하나님의 대언자)와 '제사장'(제사를 드려 하나님과 우리를 중재하는 사람), '왕'의 역할을 예수께서 모두 수행했다는 주장을 뒷받침한다.

선지자와 제사장과 왕, 이 세 가지 역할이 우리에게 얼마나 필요한지 생각해보면 그 가치는 명확히 드러난다. 하나님과 올바르고 선한 관계를 맺기 위해 죄인들에게 필요한 것은 무엇인가?

첫째, 우리는 하나님을 모르기 때문에 가르침(선지자의 역할)이 필요하다. 잘 모르거나 아예 모르는 사람과 만족스런 관계를 맺는 일은 불가능하다.

둘째, 우리는 하나님과 멀어졌기 때문에 화해(제사장의 역할)가 필요하다. 화해 없이 용서나 용납이란 있을 수 없으며 축복도 받지 못한다. 화해하지 않는다면 하나님 아버지의 사랑을 끝내 모르는 사람으로, 하나님이 그 자녀를 위해 예비해두신 복을 받지 못하는 사람으로 인생을 끝내고 말 것이다.

셋째, 우리는 하나님을 위해 사는 일에 약하고, 눈멀고, 어리석기 때문에 인도하고, 보호하고, 강하게 해줄 누군가가 필요하다. 구약시대의 이스라엘에서는 왕이 그 역할을 해야 했다. 이제 한 사람, 예수 그리스도의 인격과 사역 안에서 이 세 가지가 완전하고도 온전히 충족된다. 할렐루야!

하나님의 위대한 선지자여!

나의 혀가 당신의 이름을 찬양합니다.

우리를 구원한 기쁜 소식이

당신에게서 왔습니다.

죄를 용서하고 지옥을 정복한,

천국 평화의 기쁜 소식이 들려왔습니다.

예수, 나의 위대한 대제사장께서

피 흘려 죽으셨습니다.

그 피 외에 다른 아무 희생도

필요하지 않습니다.

권세 있는 그 피가 죄를 대속(代贖)하고,

지금도 보좌 앞에서 간구합니다.

나의 사랑, 전능하신 주

나의 정복자, 나의 왕이여

당신의 홀(笏), 당신의 검(劍),

다스리는 당신의 은혜를 찬양합니다.

권세가 당신의 것입니다. 보십시오.

당신 발 앞에 꿇어 기꺼이 머리를 조아립니다.

주님

그리스도(사도신경이 말하는)이신 예수께서는 하나님의 외아들이다. 이것은 마리아의 아들을 영원한 성삼위(聖三位) 두 번째 위격과 동일시하는 것이며, 세계를 창조할 때 하나님의 대리자였고, 지금도 세계를 올바르게 보존하는 능력의 말씀과 동일시하는 것이다(요 1:1-4; 골 1:13-20; 히 1:1-3). 얼마나 놀라운가? 바로 이 동일시가 기독교의 핵심이다. "말씀이 육신이 되어 우리 가운데 거하시매"(요 1:14).

사도신경에서는 "예수 그리스도"와 "우리 주"(our Lord)를 이어서 언급한다. 예수께서 성자 하나님이며, 창조의 동반자이며, 그리스도, 즉 기름부음 받은 구주이자 왕으로서 죽은 자 가운데서 다시 살아나 (사도신경이 말하듯, 권위와 능력의 자리인 "전능하신 아버지 하나님 우편"에 앉아) 지금도 통치하시는 분이라면, 그분은 우리를 다스릴 권세가 있으며, 우리는 그분의 요구를 거부할 권리가 없다. 약 2천 년 전, 팔레스타인이라는 시간과 공간에 예수께서 들어오신 것처럼, 지금 우리 각자의 시간과 공간에 개입하고 계신다. 처음 지상에 오셨을 때와 똑같이, 사랑이라는 목적을 가지고 개입하신다. 그리고 그때 하셨던 말씀을 지금도 하고 계신다. "오라, 나를 따르라."

그분이 당신의 주님인가? 사도신경을 암송하는 사람은 모두 이 질문을 피할 수 없다. 먼저 마음으로부터 '나의 주'라고 고백하지 못한다면 어떻게 교회에서 '우리 주'라고 말할 수 있겠는가?

더 읽을 말씀

- 하나님이자 사람인 예수님: 히브리서 1:1-3:6

복습과 적용

- '예수'라는 이름이 역사적으로, 그리고 오늘날 우리에게 갖는 의미는 무엇인가?
- '그리스도'라는 호칭은 그분을 기다린 유대인들에게 어떤 의미였는가? 우리에게는 어떤 의미가 되어야 하는가?
- 그리스도께서 당신의 삶을 지배하는 권리를 주장할 수 있는 이유는 무엇인가?

7장 유일하신 아들

어떤 젊은이를 소개받는 자리에서 그가 '외아들'이라는 말을 듣게 되면, 그의 아버지에게는 그가 무엇과도 바꿀 수 없는 존재라고 생각하게 된다. 그 말에는 애정이 담뿍 담겨 있다. 사도신경에서 예수를 하나님의 '유일하신 아들'(외아들, 요 1:18과 3:16, 18에서는 '독생자'라는 단어를 사용한다)이라고 말할 때, 암시하는 바도 이와 같다. 하나님의 외아들 예수께서는 아버지의 극진한 사랑을 누리신다. 하나님도 친히 그렇게 말씀했다. 예수께서 세례 받으실 때, 그리고 변화산에서 그 모습이 변형되셨을 때, 하나님은 이렇게 말씀하셨다. "이는 내 사랑하는 아들이요 내 기뻐하는 자라"(마 3:17, 17:5).

완전히 하나님이신 예수

또 사도신경에서 고백하는 이 외아들이라는 말은 유니테리언파와 기타 이교(異敎) 집단에서 발견되는 예수의 신성(神性) 폄하나 부정을 막는 방어막이다. 예수께서는 단지 하나님이 영감을 불어넣으신 훌륭한 사람이 아니다. 천사장도 아니며, 모든 피조물 가운데 가장 훌륭하고 첫째가는 존재도 아니다. 다른 인간들에 비해 엄청나게 뛰어나서 의례적으로 '신'(神)이라고 부르는 사람도 아니다. (4세기 아리우스파와 현대의 여호와의증인이 그렇게 주장한다.) 예수께서는 하나님의 외아들로 그 아버지가 그러하듯 참으로 완전한 하나님이셨고, 하나님으로 영존하신다. 하나님의 뜻은 "모든 사람으로 아버지를 공경하는 것같이 아들을 공경하게"(요 5:23) 하는 것이라고 예수께서는 말씀하셨다. 이 말씀으로 유니테리언파는 설자리를 잃었다.

그러나 아버지와 아들의 관계가 신격(神格) 안에서 성립한다고 말하는 것은 그저 신화에 불과한 것이 아닐까? 아니다. 예수 자신이 이렇게 말씀하셨기 때문이다. 예수께서는 하나님을 '나의 아버지'로, 자신을 '아들'(영어로는 'a son'이 아니라 'the Son'이다)로 부르셨다. 그분은 유일하고 영원한 아버지와 아들의 관계에 대해서 이렇게 말씀하셨다. "… 아버지 외에는 아들을 아는 자가 없고 아들과 또 아들의 소원대로 계시를 받는 자 외에는 아버지를 아는 자가 없느니라"(마 11:27).

예수께서는 사람들을 바로 이 같은 아버지와 아들의 관계로 인도하기 위해 오셨다.

'나셨다'

니케아신조에는 "만물이 있기 전에 하나님께로서 나셨으니… 만들어진 것이 아니고 나셨다"고 나온다. 이 조항은 4세기에 논쟁거리가 되었다. 이 조항의 요점은, 아들이 본성에 따라 아버지께 의존하여 살았지만("나는 아버지로 말미암아 산다." 요 6:57), 이들 역시 본래부터 신(神)이지, 창조된 존재가 아니라는 것이다. '나셨다'(begotten)는 말은 아들이 아버지보다 나중에 생겼고, 본질적으로 아버지보다 열등하다는 뜻을 내포한 말이 아니다.

요한복음의 '독생하신'이라는 형용사에 들어 있는 '나셨다'는 말은 예수께서 없었던 과거의 한 시점에서 일어난 사건을 의미하는 것이 아니다. 아니 그럴 수 없다. 피조물들만이 일시적인 사건이 발생하는 시간 속에서 살기 때문이다. 우리가 아는 시간 역시 창조의 일부다. 그러므로 그것을 만드신 이는 공간의 제약을 받지 않는 것처럼 시간의 제약 역시 받지 않으신다. 우리에게 삶은 순간의 연속이며, 과거나 미래의 사건들을 되돌리거나 앞당길 수 없다. 그러나 하나님께는, 모든 사건이 영원한 현재 안에 존재한다. (상상하기 쉽지는 않지만 그렇게 생각해야 한다.)

따라서 창조 이전에 아들을 '낳으셨다'(사도행전 13:33과 히브리서 1:5, 5:5은 시편 2:7의 "낳았도다"를 그리스도께 적용했지만 이 "낳았도다"는 현세의 사건을 은유적으로 표현한 단어로서 단지 왕의 자리로 이끌었음을 뜻한다. 그러므로 시편 2:7과는 다른 의미다)는, 한 분이신 하나님이 복수(複數)가 된 어떤 사건을 의미하는 것이 아니다. 제1위격의 하나님은 아들에게 항상 아버지이시고, 제2위격의 하나님은 아버지에게 항상 아들이신 영원한 관계를 의미한다고 생각해야 한다. 3세기의 오리겐은 이 생각을 아들의 '영원한 출생'(eternal generation)이라는 말로 적절히 표현했다. 이것은 성삼위 하나님만이 향유하는 영광의 일부다.

신비

성육신을 언급한 신조(칼케돈공의회의 "한 위격 안의 두 본성, 완전한 하나님인 동시에 완전한 사람," 또는 칼 바르트의 "인간을 위한 하나님인 동시에 하나님을 위한 인간")는 간단하다. 그러나 성육신 자체는 심오하다. 예수께서 인간의 육체만 빌리고 영혼은 취하지 않았다거나 한 육체 안에 두 인격이 공존했다는 고대의 이단들, 그리고 예수께서 '육체를 입은 것'은 성령이 머물렀던 특별한 경우일 뿐이며, 따라서 예수께서는 하나님이 아니라 단지 하나님이 머무셨던 인간일 뿐이라는 현대의 이단을 제압하기는 어렵지 않다.

그러나 적극적인 의미에서 성육신이 무엇인지 알기는 쉬운 일이 아니다. 그렇지만 걱정하지 말라. 하나님이 어떻게 인간이 되셨는지 모른다고 해서 그리스도를 모르는 것은 아니지 않은가! 성육신을 이해하든 이해하지 못하든, "말씀이 육신이 되셨다"(요 1:14)는 사실은 동일하다. 그것은 우리의 생각이 미치지 못하는 최고의 기적이며, 사랑에서 비롯된 일이다. 우리에게 맡겨진 일은 그 비밀을 파헤치는 것이 아니라 "어제나 오늘이나 영원토록 동일하신"(히 13:8) 예수 그리스도를 경이롭게 생각하고 받들고 사랑하고 찬양하는 것이다.

주님의 자비로운 전체 계획에 응답하여라.
나의 하나님이 나를 위해 육신이 되셨도다.
내 영혼은 찬란한 성소가 되도다.
나의 빛, 완전한 구원이 이르러
나를 숱한 사망의 그늘을 지나

주님의 눈부신 보좌로 인도하시네.

더 읽을 말씀

• 성육신한 하나님의 아들: 골로새서 1:13-23

복습과 적용

• 예수를 하나님의 영감을 받은 자, 천사장, 심지어 많은 신들 가운데 한 신이라고 부르는 것은 왜 합당하지 않은가?

• 아들(예수)은 창조된 존재가 아니라는 사실이 의미하는 바는 무엇인가?

• 예수 그리스도를 인정하지 않으면, 기독교를 인정하지 않는 것이라는 말의 뜻은 무엇인가?

8장 동정녀 마리아에게서 나시고

성경은 하나님의 아들이 초자연적인 능력으로 이 세상에 오셨고, 또 가셨다고 말한다. 그분의 오심은 동정녀에게 나신 것을 가리키며 그분의 가심은 부활하고 승천하신 것을 이른다. 둘 모두 구약의 예언을 성취하신 것이다(동정녀 탄생은 이사야 7:14, 부활과 승천은 이사야 53:10-12을 보라).

오신 기적과 가신 기적은 동일한 메시지를 전해준다. 첫째, 이 기적은 예수께서 인간과 같았지만, 인간 이상이었음을 확증한다. 예수의 지상 생활은 완전한 인간의 삶이자 완전한 하나님의 삶이기도 하다. 창조의 동반자이셨던 예수께서는 그분의 소유인 이 세상에 방문객으로 오셨다. 그분은 하나님에게서 오셨고, 하나님께로 가셨다.

교부(敎父)들은 예수께서 인간과 구별되는 진정한 신(神)이었음을 증명하려는 의도에서가 아니라, 예수께서 단지 인간처럼 보이는 유령이나 천사가 아닌 진정한 인간이었음을 증명하려는 의도에서 동정녀 탄생을 다뤘다. 동정녀 탄생이 사도신경에 포함된 것도 아마(이런 견해, 즉 예수께서는 단순히 유령이나 천사 같은 존재였다는 견해를 가진) 가현설(Docetism)에 대항하기 위해서라고 생각해볼 수 있다. 그러나 반대로 동정녀 탄생은 그리스도 인간설(예수께서는 단지 훌륭한 인간이었다는 견해)에 반대하는 증거가 되었다.

둘째, 이 두 기적은 예수께서 죄로부터 자유롭다는 것을 암시한다. 동정녀에게서 나셨기 때문에, 원죄라고 불리는 죄성을 물려받지 않으셨고, 그리하여 그분의 인성(人性)은 오염되지 않았다. 그 결과 그분의 행동이나 태도, 동기, 욕구에 전혀 흠이 없었다. 신약은 그분의 죄 없음을 강조한다(요 8:29, 46; 롬 5:18-19; 고후 5:21; 히 4:15, 7:26; 벧전 2:22-24 등 참조). 예수께서는 죄가 없으셨기 때문에, 십자가에서 죽으셨을 때 사망이 그분을 지배할 수 없었다.

두 이야기

신약성경은 동정녀 탄생에 관해 서로 보완적인 두 가지 설명을 제공한다. 각각의 설명은 분명히 독립적인 이야기이지만 놀랍게도 조화를 이루고 있다. 그것은 마태복음 1장의 요셉 이야기와 누가복음 1, 2장의 마리아 이야기이다. 고대 역사가들은 자신을 예술가와 도덕가로 자처했기 때문에, 보통 자료의 출처에 대한 언급을 피한다. 그런데 누가는 마리아 이야기의 출처에 대해 많은 실마리를 남겨 두었다(1:1-3과 2:51을 참조하라).

마태와 누가는 각각 예수의 족보(마 1:2-17; 눅 3:23-38)를 보여 준다. 두 족보를 보면 좀 당황스럽지만, 서로 조화를 이루고 있다. 누가가 제공하는 족보는 마리아의 계보를 따른 것이다. 그러나 남자의 혈통을 따르는 것이 관습이었기 때문에, 예수의 육신의 아버지 요셉(23절)으로부터 시작하여 요셉의 생물학적 혈통을 따라 거슬러 올라간다. 그 결과 마태가 취한 것으로 보이는 연속된 왕의 계보와는 다르다. (상세한 것은 F. F. 브루스가 쓴 "Genealogy of Jesus Christ," 「The New Bible Dictionary」를 참조하라.)

회의적 시각

19세기와 20세기 중반까지 예수의 동정녀 탄생과 육체의 부활을 회의적으로 보는 시각이 지나치게 강했다. 합리성을 추구하는 과정에서 초자연적이지 않은 기독교를 탐색했기 때문이다. 이제 그 유행은 지나갔다. 그러나 재떨이를 치운 뒤에도 그 방에 여전히 담배 냄새가 배어 있는 것처럼, 아직도 회의적인 시각이 그리스도인들의 마음에서 완전히 가시지는 않았다. 예수께서 세상에 오신 기적과 부활하신 기적을 믿지 못하고 있다. 설령 모순된다고 생각하는 점이 많을지라도, 영원하시고 창세 이전부터 계신 성자의 성육신을 믿는 일은(비록 쉽게 또는 당연하게 받아들이지는 못하겠지만) 분명히 합당하다. 다른 근거로도 성자의 성육신을 인정할 수 있고, 이 성육신 범위 안에서 일어난 기적인 동정녀 탄생과 육체의 부활을 믿는 데는 아무런 어려움이 없다고 주장할 수 있다. 그리고 이렇게 주장하는 것이 훨씬 더 논리적이며, 유일하게 이성(理性)에 부합하는 행동이다.

초자연적인 기적이기 때문에 동정녀 탄생을 부정한다면, 예수의 육체의 부활도 부정해야 논리적으로 합당하다. 그러나 이 기적은 동등한 것이어서 어느 하나를 부정하고 다른 것을 인정하는 것은 성립되지 않는다.

마리아는 예수를 낳은 뒤에도 처녀였으며, 영원히 처녀였다는 후대의 생각은 단순한 상상이다. 복음서는 예수께 동생들이 있였음을 보여준다(막 3:31, 6:3).

사도신경의 "성령으로 잉태되어 동정녀 마리아에게서 나시고"는 예수의 어머니를 찬양한 것이 아니라 성육신의 사실을 증거하는 것이다. 그러나 불행하게도, 로마 가톨릭교회는 신학자들의 마리아론과 일반 신자들의 마리아 숭배를 지지했다. 마리아를 구원의 협조자로 보는 마리아론은, 마리아가 다른 인간과 달리 원죄 없이 태어났으며, 죽은 후 바로 부활의 영광에 들어갔다는 비성경적 가르침에 의존한다.

그러나 실제의 마리아, 성경의 마리아는 자신을 그저 구원받은 죄인으로 여겼다. "내 마음이 하나님 내 구주를 기뻐하였음은"(눅 1:47). 마리아는 우리에게 훌륭한 모범이 된다. 즉, 세상에 복 주시는 하나님의 계획에 협력하는 특권과 그 대가에 반응하는 법(눅 1:38, 2:35 참조), 하나님의 은혜에 겸손히 반응하는 법을 보여준다. 부모들은 자녀에게서 어떤 사실을 발견하는 데 둔하다. 서글프게도 예수 역시 한때 "선지자가 … 자기 집 외에서는 존경을 받지 않음이 없느니라"(마 13:57)라고 말씀하신 적이 있다. 그러나 마리아와 그 가족은 처음의 불신앙(마 13:57; 막 3:20, 21, 31-35; 요 7:3-5 참조)을 버리고, 예수를 믿게 되었다(행 1:14). 우리는 본보기가 되는 예수의 가족들에게서 배운 것이 있는가?

더 읽을 말씀

- 동정녀 탄생: 마태복음 1:1-25, 누가복음 1:26-56

복습과 적용

- 그리스도의 오심과 가심에 관련된 기적들은 그리스도에 관하여 우리에게 무엇을 알려주는가?
- 예수의 동정녀 탄생에 대한 태도와 부활에 대한 태도가 같아야 한다는 데 동의하는가?
- 성경이 마리아에 대해 묘사한 것과 마리아에 대한 로마 가톨릭 교회의 전통적인 견해 사이에는 어떤 차이가 있는가?

9장 본디오 빌라도에게 고난을 받아

과학자나 철학자나 정당원들이 자신들의 학파의 창시자나 정당의 창설자가 법과 질서에 위협이 된다는 죄목으로 정부 당국자에 의해 처형당했다고 끊임없이 주장하는 경우를 한번 상상해보라. 그리스도인들이 하는 일이 바로 그것이다. 그들이 암송하는 사도신경의 중심내용이 바로 (기독교의 창시자) 예수께서 십자가에서 죽으신 사건이다. "본디오 빌라도에게 고난을 받아 십자가에 [못 박혀] 죽으시고." 이 말을 역순으로 살펴보자.

"십자가에 죽으시고." 십자가는 로마제국에서 죄인을 처형하던 표준적인 방법이었다. "예수께서 십자가에 죽었다"라고 말하는 것은 교수형에 처해졌다거나 전기의자에서 사형집행이 되었다고 말하는 것과 같다.

빌라도

"본디오 빌라도에게." 히틀러는 가스실에서 수많은 유태인을 죽인 사람으로 기억될 것이다. 어쩌면 별로 알려지지 않았을지도 모를 로마의 총독 빌라도는 예수를 죽인 사람으로 역사에 기록되었다. 예수께서는 자신이 하나님이 약속하신 구주이자 왕이요, 그리스도임을 밝히셨다. 그 사실(유대 당국은 이를 하나님에 대한 모독으로 여겼다) 때문에 예수께서는 사형을 선고받았다. 그들은 사형을 집행하기 위해 예수를 로마 총독에게 데리고 갔다. 로마 점령기의 유대 당국은 사형을 집행할 권한이 없었기 때문이다.

빌라도는 유대 백성들의 마음을 얻기 위해 사형을 허락하고, 죄 없는 예수를 죽이라고 지시한다. 자신은 이 문제와 상관없다는 것을 상징적으로 나타내기 위해 손을 씻지만, 이것은 역사상 가장 어리석은 동작이었을 것이다. 빌라도는 이것을 매우 상황 판단이 빠른 통치행위로 여겼으니 비웃음을 살 만하다.

고난

"고난을 받아"(suffered). 이 말은 고통을 겪는다는 일반적 의미뿐 아니라 좀더 오래, 폭넓은 의미에서, 다른 사람의 행동에 영향을 받는 대상이 된다는 뜻이다. 인간은 물론 하나님도 예수를 고난받게 한 작용요인이었다. "그[그리스도]가 하나님께서 정하신 뜻과 미리 아신 대로 내준 바 되었거늘 너희가 법 없는 자들의 손을 빌려 못 박아 죽였으나"(행 2:23, 베드로의 첫 번째 설교에서). 하나님이 십자가를 의도했다는 것은 예수를 십자가에 못 박은 자들의 죄책만큼이나 분명한 사실이다.

하나님의 의도는 무엇인가? 죄인들에게 자비를 베푸시기 위해 죄를 심판하시는 것이다. 인간적인 의(義)로는 불가능하기 때문에 신적(神的) 의가 베풀어졌다. 예수께서는 십자가상에서 인간이 경험할 수 있는 모든 육체적 고통과 정신적 고통을 겪으셨다. 또 나를 대속하기 위해 거기 계셨으므로 나의 죄 때문에 받아야 할 하나님의 분노와 외면까지 대신 당하셨다. "우리는 다 양 같아서 그릇 행하여 각기 제 길로 갔거늘 여호와께서는 우리 모두의 죄악을 그에게 담당시키셨도다"(사 53:6).

죄 없으신 구주께서 죽으셔서

죄 많은 내 영혼 자유를 얻었네.

하나님이 요구하시는 의를 이루셨기 때문이라네.

구주를 바라보니 나를 용서하시네.

화목

이제 우리는 기독교의 핵심에 이르렀다. 성육신이 기독교의 성소라면, 속죄(贖罪)는 아마 기독교의 지성소일 것이다. 아무리 최고의 기적이라고 해도 성육신은 천국의 기쁨과 행복에서 갈보리의 고통과 수치로 내려가는 연속적인 행보 가운데 그 첫걸음을 떼어놓은 것에 지나지 않는다(빌 2:5-8). 하나님의 아들이 사람이 된 이유는(영국국교회 기도서의 내용처럼) "온 세상 죄에 대해 충분하고 완전한 희생제물로서" 그 피를 흘리시기 위함이었다. 하나님은 "자기 아들을 아끼지 아니하시고 우리 모든 사람을 위하여 내주셨다"(롬 8:32). 하나님의 사랑은 이 정도였다(5:5-8 참조).

요한이 위대하고 찬란하지만 그만큼 오해도 많았던 "하나님은 사랑이다"라는 말로 하나님을 설명한 것은 바로 그와 동일한 관점, 즉 모든 것을 참아주는 관대한 자비심이 아닌 특별하고 값진 선물이라는 관점에서다. 요한은 이렇게 설명한다. "사랑은 여기 있으니 우리가 하나님을 사랑한 것이 아니요 하나님이 우리를 사랑하사 우리 죄를 속하기 위하여 화목 제물로 그 아들을 보내셨음이라"(요일 4:10).

그리스도의 십자가는 여러 의미가 있다. 그 십자가는 우리 죄에 대한 희생이었기 때문에 화목 제물이었다(롬 3:25; 요일 2:2,

4:10; 히 2:17 참조). 다시 말해, 하나님이 우리 죄를 보시지 않게 함으로써 우리를 향한 하나님의 분노를 가라앉히는 길이었다. 그 십자가는 우리를 위한 화목 제물이었다. 십자가는 진노하시고 멀어진 창조주와 우리를 화해시킨다(롬 5:9-11). 우리는 죄인들을 향한 하나님의 노여움을 가볍게 여겨서는 안 된다. 우리가 할 일은 하나님의 노여움을 누그러뜨리고 우리와 하나님의 중재자가 되시는 우리 구주의 업적을 찬양하는 것뿐이다.

십자가는 우리의 화목 제물로서 죄의 대가를 지불하고, 속박과 비참에서 우리를 건져주시는 구속이다(엡 1:7; 롬 3:24; 계 5:9; 막 10:45). 그러므로 우리를 죄 안에, 하나님의 은혜 밖에 머물게 하고, 지금도 그렇게 하려는 모든 대적의 권세에 대한 승리의 선언이 바로 십자가다(골 2:13-15). 이 진리를 온전히 이해하기 위해서는 그리스도의 십자가를 깊이 묵상해야 한다.

"하나님의 아들이… 나를 사랑하사 나를 위하여 자기 몸을 버리셨다." 그러므로 "내게는 우리 주 예수 그리스도의 십자가 외에 결코 자랑할 것이 없다"(갈 2:20, 6:14). 이것이 바로 바울의 말이다. 나는 바울의 말에 공감할 수 있어서 하나님께 감사드린다. 당신도 그런가?

더 읽을 말씀

- 십자가의 의미: 이사야 53장, 로마서 3:19-26, 히브리서 10:1-25

복습과 적용

- "고난을 받아"라는 말에서 그리스도인이 찾을 수 있는 완벽한 의미는 무엇인가?
- "하나님과 인간 모두 예수를 고난받도록 한 원인이었다"는 말을 설명하라.
- 그리스도의 죽음은 당신의 죄와 어떤 연관이 있는가?

10장 십자가에 못 박혀 죽으시고

예절 바른 사람이라면 공적인 자리에서 음담패설을 입에 담지 않는 것처럼, 죽음이라는 주제 또한 사람들은 공공연히 말하지 않는 경향이 있다. 그러나 누구든지 죽음은 피할 수 없다. 삶에서 한 가지 확실한 사실은, 예고되었든 예고되지 않았든, 편안하든 고통스럽든 간에, 삶은 언젠가 끝이 난다는 것이다. 내 차례가 되었을 때, 나는 과연 어떻게 죽음을 맞이할 것인가?

기독교의 승리

그리스도인들은 성경의 예수께서 살아 계시다고 주장한다. 그리고 그분을 구주로, 주님으로, 친구로 맞아들인 사람은 그분을 아는 지식에서 삶의 모든 문제, 심지어 죽음까지도 헤쳐 나갈 수 있는 길을 발견하게 되리라고 주장한다. "그리스도는 이미 우리가 겪을 사망의 음침한 길을 이미 먼저 경험하셨고 우리를 그곳에서 인도해내실 것이기 때문이다"라고 한다.

주님은 이미 몸소 죽음을 겪으셨다. 그렇기 때문에 우리가 죽음을 맛볼 때 우리를 도우실 수 있다. 그리고 그분이 직접 내려가신 음부(陰府)의 권세를 넘어, 생명을 주시기 위해 우리를 크게 변화시키신다. 그리스도 없는 죽음은 '가장 두려운 일'이다. 그러나 그리스도와 함께하는 죽음은 그렇지 않다. 그분과 함께하는 죽음은 겪어야 할 '아픔'도, 상하게 하는 능력도 없는 죽음이기 때문이다. 청교도였던 존 프레스톤은 이 점을 잘 알았다. 사람들은 죽어가는 그에게 임박한 죽음이 두려운지 물었다. "아니요"라고 프레스톤은 나지막한 목소리로 말했다. "장소가 바뀔 뿐이지 동반자는 바뀌지 않소."

그의 말은 이 말과 같았다. "나는 친구들 곁을 떠나지만 나의 친구이신 그분을 떠나는 것은 아니오. 그분은 결코 나를 떠나지 않으시기 때문이오."

이것은 죽음에 대한 승리, 그 죽음이 불러오는 두려움에 대한 승리이다. 사도신경이 예수의 부활을 선포하기 전에 "음부에 내려가셨다"(he descended into hell)고 말하는 것은 이 승리의 길을 암시한다. 이 어구가 4세기까지 사도신경에 포함되지 않았고, 그래서 여러 교회가 채택하지 않았더라도(한국 교회도 채택하지 않았다-옮긴이), 그 의미는 지금 우리가 살펴본 바와 같이 대단히 중요하다.

게헨나가 아니라 하데스

영문(英文) 사도신경이 확정된 후 'hell'이라는 단어의 의미가 변했기 때문에, "음부(hell)에 내려가셨다"라는 표현에 오해의 소지가 있을 수 있다. 원래 'hell'은 헬라어 '하데스'(hades), 히브리어 '스올'(sheol)에 해당하는 말로, 죽은 사람들의 거처(호불호 개념이 없는 죽음의 거처-옮긴이)를 의미했다. 베드로는 예수께서 다시 사셨을 때 시편 16편 10절 "내 영혼을 스올(RSV 영어 성경은 hades, KJV 영어 성경은 hell)에 버리지 아니하시며"라는 예언의 말씀이 성취되었다고 했다(행 2:27-31 참조). 사도신경의 'hell'은 바로 예수께서 내려가셨던 음부라는 의미다. 그런데 17세기 이후 'hell'은 하나님을 믿지 않는 자들이 처하게 되는 최후의 심판을 받은 상태(지옥)만을 의미하게 되었다. 신약에 나와 있는 표현으로 말하자면 '게헨나'(gehenna)에 해당한다.

그러나 사도신경에 나타난 의미는 예수께서 하데스에 갔다는 말이지 게헨나(지옥)에 처해졌다는 말이 아니다. 즉, 예수께서는 참으로 죽으셨으며, 그분이 다시 사신 것은 위장이 아닌 '진짜 죽음'에서 다시 사셨다는 말이다.

물론 그렇게 명확한 사실을 굳이 알아보려고 애쓰지는 않을 것이지만, "다시 살아나시며"(영어로는 'rose')라는 표현이 갱도(坑道)를 거쳐 지상으로 올라왔음을 의미하지 않듯이, "내려가셨다"(descended)는 말 역시 팔레스타인에서 하데스로 가는 길이 땅을 뚫고 내려간다는 뜻이 아니라고 말해두어야 할 것 같다. "내려가셨다"는 표현을 쓴 이유는 다른 데 있다. 바로 육체와 영혼이 분리된 장소인 하데스는 육체와 영혼이 함께하고, 또 그런 의미에서 인간성이 온전하게 유지되는 지상의 삶보다 그 가치와 존엄성이 떨어지기 때문이다.

하데스의 예수님

"육체로는 죽임을 당하시고 영으로는 살리심을 받으신"(벧전 3:18) 예수께서는 하데스로 내려가셨다. 성경은 예수께서 그곳에서 하신 일을 간략히 말해준다.

첫째, 예수께서는 하데스에 내려가서 참회한 강도(눅 23:43 참조)와 그분이 지상에서 일하실 때 그분을 믿다가 죽은 모든 사람을 위해 하데스를 낙원(기쁨이 있는 곳)으로 만드셨다. 지금도 세상을 떠난 성도들을 위하여 이렇게 일하신다(빌 1:21-23; 고후 5:6-8).

둘째, 예수께서는 구약시대에 믿은 자들의 영혼을 온전하게 하고(히 12:23, 11:40 참조), 그때까지 그들에게 깊고 어두운 웅덩이였던 음침한 스올에서 건지셨고(시 88:3-6, 10-12 참조), 똑같이 낙원을 경험하게 하셨다. 이것이 바로 '음부의 정복'(예수께서 음부에 빠진 영혼을 구하시는 일)이라는 중세문학에서 볼 수 있는 진리의 핵심이다.

셋째, 베드로전서 3장 19절은 대홍수 이전에 죄를 범한 옥에 있는 '영들'(창세기 6:1-4의 "하나님의 아들들," 베드로후서 2:4, 5의 "범죄한 천사"들을 가리키는 것 같다)에게 예수께서 (아마도 주님의 나라와 세상 심판에 대한 약속일 것이다) "선포하셨다"고 말한다. 어떤 이들은 이 본문을 근거로 이 세상에서 복음을 듣지 않았던 사람들이나 복음을 들었으나 거부한 사람들 모두 내세의 삶에서 그들에게 전해주시는 복음을 받아들여 구원을 받으리라고 생각하는데, 베드로는 그런 추론을 뒷받침할 일말의 근거도 제공하지 않는다.

예수께서 음부에 내려가신 것이 우리에게 중요한 이유는 이런 이유 때문이 아니다. 우리에게 죽음이 찾아왔을 때, 혼자가 아니라는 사실을 알면서 죽음을 맞을 수 있다는 것 때문이다. 그분은 우리보다 먼저 그곳에 가셔서, 우리를 만날 것이다.

더 읽을 말씀

- 복음을 대하는 그리스도인의 태도: 빌립보서 1:19-26, 고린도후서 5:1-10, 디모데후서 4:6-18

복습과 적용

- 성경에 나오는 하데스, 스올, 게헨나의 정의를 말하고 차이를 밝혀라.
- 그리스도의 죽음이 진정한 죽음이었다는 것을 어떻게 알 수 있는가? 이 사실이 중요한 까닭은 무엇인가?
- 그리스도와 함께 죽음을 맞는 것과 그리스도 없이 죽음을 맞는 것은 어떤 차이가 있는가?

11장 장사된 지 사흘 만에

십자가에서 죽은 예수께서 계속 죽은 상태라고 상상해보라. 예수께서 소크라테스나 공자처럼 뛰어난 인물로 기억되어 추앙받는 사람에 지나지 않는다고 상상해보라. 그렇다면 예수를 기억하는 일이 여전히 중요할까? 우리는 예수의 본보기와 가르침을 여전히 소중히 간직하겠지만 그것만으로 충분할까?

예수의 부활이 핵심이다

예수께서 부활하지 않으셨다면 기독교는 성립할 수 없다. 예수께서 다시 사시지 않았고 여전히 죽은 상태라면, 기독교는 근본부터 무너져버릴 것이다. 그렇다면 다음 네 가지 사항이 사실이 되기 때문이다.

첫째, 고린도전서 15장 17절에서 바울은 말했다. "그리스도께서 다시 사신 일이 없으면 너희의 믿음도 헛되고 너희가 여전히 죄 가운데 있을 것이요."

둘째, 우리가 다시 살 소망이 없다. 우리도 계속 죽은 상태일 수밖에 없다.

셋째, 예수 그리스도께서 다시 사시지 않았다면, 그분은 지금 통치하시지도 못하고, 다시 오시지도 못하며, 사도신경의 "고난을 받아 장사된" 이후의 모든 일이 이루어지지도 않을 것이다.

넷째, 기독교는 초대교회 교인들이 생각했던 모습, 즉 복음서의 예수이자 살아 계신 주님과 동행하는 기독교가 될 수 없다. 그렇다면 복음서의 예수께서는 한 개인의 영웅은 될 수 있을지 몰라도, 구주는 되실 수 없다.

역사적 사실

사도신경에서는 예수의 부활이 역사적 사실임을 실증하기 위해 "사흘 만에"라고 날짜를 제시하고 있다. 기원후 30년경 "본디오 빌라도에게 고난을 받아 십자가에 못 박혀 죽으신" 그날로부터 예수께서는 "사흘 만에"(고대의 계산방식으로 죽은 날과 부활한 날을 포함하여 사흘 만에) 다시 살아나셨다고 밝힌다. 정확히 그날, 예수께서는 팔레스타인의 수도 예루살렘에서 다시 사시어 바위무덤을 나가셨고, 영원히 죽음을 이기셨다.

우리는 이 일이 일어났다고 확신할 수 있는가? 증거는 완벽하다. 무덤은 비어 있었고, 그분의 시신을 제시할 수 있는 사람이 아무도 없었다. 제자들은 한 달 넘게 살아 계신 예수를 계속해서 만났다. 보통 예기치 않은 만남이었으나 그들은 대개 단체(2명에서 500명)로 예수를 만났다. 그렇다면 분명 환상이 아니다!

제자들은 다시 사신 그리스도를 만났고 이를 확신했으며 조롱, 박해, 심지어 죽음 앞에서도 당당히 그분의 부활을 알렸다. 이것은 예수의 시신을 제자들이 훔쳐갔다는 악의적인 소문을 잠재우는 가장 효과적인 방법이었다(마 28:11-15 참조).

기독교회가 2천 년이라는 시간이 흐르도록 공동으로 경험한 사실 역시 예수께서 다시 사셨다는 믿음을 강화시켜준다. 다시 사신 주님이 인생의 좁은 길목에서 실제로 나와 함께 걸으며 대화를 나누고 계시기 때문이다. 그리스도인은 그분과의 교제를 통해 실제적으로 그분을 인식하고 있다.

이러한 증거로 미루어 판단할 때, 예수께서 실제로 다시 사셨다는 것은 충분히 인정되는 사실이다. 모울(C. F. D. Moule) 교수가 다음과 같은 문제를 제기한 것은 당연하다. "신약이 명백히 증언하고 있는 예수의 존재와 부활이라는 사실을 역사에서 제거한다면, 세속 역사가는 무엇으로 그 큰 구멍을 메울 것인가?"

역사의 객관적 원인이 되는 예수의 존재와 부활이 없었다면 과연 오늘날 역사는 실제로 어떤 모습이었을지 상상하기 어렵다.

증거 직시하기

한 그리스도인이 논쟁하면서 자신보다 신념이 굳지만 의심이 많은 상대에게 "증거가 있기 때문에 나는 예수께서 다시 살아나셨다는 것을 분명히 믿소. 증거가 있는데도 당신은 믿지 못하는구려!"라고 비난했다. 사실 부활을 믿지 않는 것이 부활을 인정하는 것보다 훨씬 어렵다. 그런 생각을 해본 적이 있는가? 예수 그리스도를 하나님의 아들, 살아 계신 구주로 믿는 것, 그리고 이전에는 의심했지만 "나의 주시며 나의 하나님입니다"라고 고백한 도마의 말을 되풀이하는 것이 이성을 발휘하는 것보다 확실히 더 낫다. 이성을 발휘한다 하더라도 증거가 있는 마당에야, 예수의 부활을 믿는 것이 유일하게 이성에 부합하는 행동이 될 것이다.

예수의 부활이 의미하는 것

예수의 부활의 의미는 무엇인가? 간단히 말해, 예수께서 하나님의 아들임을 나타내고(롬 1:4), 예수의 의를 입증하고(요 16:10), 사망에 대한 승리를 보여주고(행 2:24), 믿는 자의 죄사함과 의롭다 하심(고전 15:17; 롬 4:25), 그리고 믿는 자의 장래 부활(고전 15:18)을 보증하는 것이며, 지금도 믿는 자들을 부활 생명으로 인도하는 것이다(롬 6:4). 놀랍지 않은가! 예수의 부활은 이제까지 있던 어떤 일보다도 소망에 찬 것임을 확신해도 좋다. 그렇게 말해야 옳다!

더 읽을 말씀

- 예수의 부활: 요한복음 20:1-18, 고린도전서 15:1-28

복습과 적용

- 그리스도께서 다시 살아나시지 않았다면, 기독교는 어떻게 달라졌을까?
- 예수의 부활에 대한 증거로는 어떤 것이 있는가?
- 왜 이 책의 저자는, 그리스도의 다시 사심을 믿는 것이 '유일하게 이성에 부합하는 행동'이라고 말하는가? 당신은 이 말에 동의하는가?

12장 하늘에 오르시어

"하늘에"라는 말은 승천하실 때 천사들이 한 말 "너희 가운데서 하늘로 올려지신"(행 1:11)을 떠올리게 한다. "오르시어"는 "내가 올라간다"(요 20:17, 6:62 비교)는 예수의 말씀을 연상시킨다. 그런데 '하늘'은 무엇일까? 그냥 푸른 하늘이나 우주를 가리키는 것일까? 사도신경이 의미하는 것은 예수께서 첫 번째 우주 비행사였다는 말인가? 아니다. 사도신경과 성경이 말하는 것은 이와 다르다.

'하늘'의 의미

성경에서 하늘은 세 가지를 의미한다.

첫째, 영원히 스스로 살아가시는 하나님의 삶이다. 이런 의미에서 하나님은 지구가 없었을 때에도 항상 "하늘에" 사셨다.

둘째, 하나님의 삶을 공유하는 천사나 사람들의 상태를 말한다. 지금 미리 맛보든 내세에서 완전히 맛보든 간에 하나님의 삶을 누리는 상태를 가리킨다. 이런 의미에서 그리스도인의 상급, 보물, 유산은 모두 "하늘에" 있으며, 하늘은 그리스도인의 최후 소망을 모두 함축한 말이다.

셋째, 무지개가 하나님의 영원한 언약에 대한 표상이듯이(창 9:8-17을 보라) 우리 위에 펼쳐진 하늘은 우리가 알고 있는 그 어떤 것보다 무한하신 하나님의 영원한 삶의 시공간에 대한 표상이다.

성경과 사도신경은 예수께서 부활하신 지 40일 만에 승천하시어 두 번째 의미의 하늘로 들어가셨다고 선포한다. 그 이후 "전능하신 아버지 하나님 우편에 앉아" 자기 백성의 유익을 위해 아버지의 이름과 아버지의 전능한 능력으로 만물을 다스리신다. "하나님 우편"은 호화로운 자리를 의미하는 것이 아니라 왕의 직무를 수행하는 자리를 의미한다(행 2:33, 34; 롬 8:34; 엡 1:20, 21; 히 1:3, 13, 10:12, 13, 12:2). "예수께서는 만물을 충만케 하려" (왕이신 자신의 능력을 어디에서나 발휘하시려고) "모든 하늘 위에 오르셨다"(창조된 어떤 것에도 제한받지 않는 성육신 이전의 삶으로 다시 돌아가셨다. 에베소서 4:10을 보라). '오르셨다'(ascended)는 말은 당연히 존귀함과 능력이 최고의 상태가 되었다는 것을 암시하는 서술어다.

승천

승천하셨을 때 일어난 일은 예수께서 우주인이 되었다는 것이 아니다. 변화산상에서처럼 제자들은 기적을 목격했다. C. S. 루이스의 표현에 따르면, "제자들은 처음에 짧은 수직 이동을, 그다음에는 희미한 광채를 보았다. 그러나 이어서 아무것도 보이지 않았다." 다시 말해, 예수께서는 심판하러 오실 때까지 이 세상을 통치하시기 위해 인간의 눈에서 사라지셨고, 제자들의 눈에 그런 사라짐은 예수께서 세 번째 의미의 하늘로 올라가신 것처럼 보였다. 우리는 이 말에 당황해서는 안 된다. 예수께서는 올라가든 내려가든 비켜가든 나타나지 않든 어쨌거나 홀연히 사라지셔야 했다. 그렇다면 어떤 것이 이후 예수께서 다스리시는 영광의 전조(前兆)가 되겠는가? 대답은 자명하다. 올라가는 것이다.

예수의 승천에 담긴 메시지는 "구주 예수께서 통치하신다!"는 것이다.

하늘에 있는 우리의 마음

신중한 철학자들마저 인간이 할 수 있는 최상의 선택은 자살이라고 권하던 곤고한 시대에, 초기 그리스도인들이 보여준 흔들리지 않는 낙관주의는 당시 사람들에게 큰 인상을 심어주었다. 초기 그리스도인들은 세상이 자신을 억압하는 것 같은 상황에서도 오히려 그들이 세상 꼭대기에 있다고 생각했다. (이런 낙관주의를 보여줄 수 있을 만큼 현대의 그리스도인들이 충분히 그리스도인답다면 지금도 같은 현상이 일어날 것이다.) 그 비결은 세 가지 확신 때문이었고 지금도 여전히 가능하다.

첫 번째 확신은 하나님의 세계와 관련이 있다. 그리스도는 실제로 세상을 통치하신다. 세상을 지배했던 어둠의 세력들을 그리스도는 결정적으로 이기셨다. 이 사실이 증명되는 것은 단지 시간문제일 뿐이다. 하나님과 사탄의 전쟁은, 결과가 확실한데도 지고 있는 쪽에서 아직까지 포기하지 않은 체스 게임, 또는 패배자의 반격이 아무리 맹렬하고 빈번해도 결코 성공할 수 없고 결국에는 승자의 소탕작전에 금세 정리되고 말 전쟁의 막바지와 같은 것이다. 'A.D.'(Anno Domini)는 예수의 탄생을 기점으로 하는 연도 계산인데(실제 탄생보다 몇 년 늦게 시작한 것 같지만), 개중에는 십자가, 부활, 승천의 해로부터 계산했으면 하고 바라는 사람들이 있다. 예수의 통치권이 지금처럼 우주적 사실이 된 것이 바로 그때부터이기 때문이다.

두 번째 확신은 그리스도와 관련이 있다. 통치하시는 주님은 우리를 위해 "대신 간구하신다"(롬 8:34; 히 7:25). "때를 따라 돕는 은혜"(히 4:16)를 얻고 그래서 영원히 하나님의 사랑 안에 거할 수 있도록(선한 목자의 맹세, 요 10:27-29 참조), 우리 주께서 우리의 '대언자'로 "하나님 앞에"(히 9:24; 요일 2:1) 서신다는 뜻이다. "대신 간구하신다"는 말은 자비를 구하는 탄원자를 가리키는 말이 아니다. 다른 이의 유익을 위해 요청하고 행동하는 지고한 권리와 권세를 가진 분의 중재를 나타낸다. 하나님 우편에 앉으신 제사장이자 왕이신 우리 주님이 하늘에 계시면서 감당하시는 삶은 하나님과 우리를 화목케 하려고 몸소 중재하시는 삶이다. 주님은 그곳에서 우리를 위한 모든 은혜와 영광의 보증이 되신다.

18세기의 어느 시는 이런 확신을 흥겨운 어조로 표현했다.

사랑이 충만하여 죽으셨네.
나는 이 사실을 믿네.
내 구주께서 나를 사랑하셨네.
나는 그 이유를 알 수 없네.

하지만 이것만은 알 수 있네.

주님과 나는 하나이며

영광 중에 계시면서 나를 버려두지 않으실 것을….

세 번째 확신은 하나님의 백성과 관련이 있다. 그것은 하나님이 가르쳐주시는 지식의 문제이자 동시에 하나님이 베풀어주시는 경험의 문제이다. 그것은 감추어진 삶, 곧 그리스도인들이 성부, 성자와 교제하는 삶을 지금 여기에서 누린다는 확신이다. 그 삶은 이미 시작된 세계의 삶이다. 그것은 이곳에서 미리 맛보는 하늘나라의 삶이기 때문에, 아무것도, 심지어 죽음까지도 영향을 미칠 수 없다. 이 경험에 대해 모든 하나님의 백성이 어느 정도 알고 있는데, 믿는 자들이 죽음(육체의 죽음이 아니라 인격의, 심령의 죽음)을 넘어, 그 위에 있는 영원한 삶을 시작한 것이라고 설명할 수 있다. "이는 너희가 죽었고 너희 생명이 그리스도와 함께 하나님 안에 감추어졌음이니라"(골 3:3, 2:12; 롬 6:3-4 참조). "하나님이… 죽은 우리를 그리스도와 함께 살리셨고… 또 함께 일으키사 그리스도 예수 안에서 함께 하늘에 앉히시니"(엡 2:4-6).

승천절에 영국국교회 기도서로 기도하는 사람은 "우리가 믿는 바, 당신의 외아들 우리 주 예수 그리스도께서 하늘에 오르신 것처럼, 우리도 마음과 뜻이 그곳으로 올라가서 그분과 함께 영원히 살게" 해달라고 하나님께 기도한다. 이 세 가지를 확신하는 능력 안에서 우리는 그렇게 될 수 있다.

더 읽을 말씀

- 승천의 의미: 사도행전 1:1-11, 에베소서 1:15-2:10

복습과 적용

- 예수께서는 어떤 의미의 하늘에 오르셨는가?
- 예수께서는 어떤 삶으로 되돌아가셨나?
- 그리스도께서는 지금 무엇을 하고 계신가? 그리스도의 하늘에서의 사역이 우리에게 어떤 중요성이 있는가?

13장 심판하러 오십니다

사도신경의 핵심은 예수 그리스도의 탄생, 죽음, 부활, 승천하신 과거, 현재의 통치, 다시 오셔서 심판하실 미래에 대한 증언이다. 성경은 그분의 재림과 더불어 사도신경에 언급된 우리 몸의 부활과 영원한 삶이 다가오리라고 한다. 우주의 질서도 그때 새롭게 시작될 것이다. 위대한 날이 다가오고 있다(마 25:14-46; 요 5:25-29; 롬 8:18-24; 벧후 3:10-13; 계 20:11-21:4).

그리스도인의 소망

사도신경의 능력은 생명에 대한 선언에서 가장 명확히 드러난다. 오늘날 사람들은 소망이 없기에, 비관주의가 널리 퍼져 있다. 핵폭발, 재정 파산, 쓸쓸한 노년 등 아무 가치가 없는 일들만을 내

다본다. 공산주의자들과 여호와의증인들은 각각 혁명과 아마겟돈 이후의 지상낙원이라는 희망을 제시하며 주의를 끈다. 그러나 그리스도인들은 이 둘을 무색하게 하는 귀한 소망이 있다. 그 소망은 존 버니언의 「천로역정」에서 "장래 나의 모습에 대한 생각으로 내 마음은 불길처럼 타오른다"고 말한 '불굴'(stand-fast) 씨의 소망과 같은 것이다. 사도신경은 "[그리스도께서] 오십니다"라고 선포하면서 이 소망을 강조한다.

어떤 의미에서 그리스도께서는 그리스도인이 죽을 때 그 사람에게 오신다. 그러나 사도신경은 역사를 끝내고 모든 사람을 심판하시러 그리스도께서 공개적으로 다시 오실 날을 기대한다. 이 심판에서 그리스도인에게는 그리스도인으로서, 그들이 신실하게 하나님을 섬긴 대로 "피로 사신 상급"이 기다리고 있고, 반역한 자는 반역한 자대로, 자신들이 거부한 주님에게 거절당할 것이다. "의로운 재판장이신"(딤후 4:8; 롬 2:5-11 비교) 예수의 심판은 도덕적으로 아무런 문제도 없다.

확실하고 영광스러운

어떤 사람은 재림이 일어나지 않을 것이라고 생각한다. 그러나 우리에게는 재림과 관련한 하나님의 말씀이 있다. 현대의 과학자들도 핵전쟁이나 생태계의 파괴로 인한 재앙 때문에 실제로 이 세상에 종말이 올 수 있다고 말한다. 그리스도의 재림은 상상하기 쉽지 않다. 인간의 상상력이 하나님의 능력을 측량할 수 없기 때문이다. 영적으로 수백만의 사람에게 동시에 보이실 수 있는 예수께서는 재림 때에도 다시 살아난 사람들에게 자신을 확실히 나타내 보이실 수 있다. 우리는 그분이 언제 오실지 모른다. (따라서 항상 준비하고 있어야 한다.) 어떻게 오실지도 모른다. (핵폭발과 함께 오시는 것은 아닐까?) 그러나 "그[그리스도]가 나타나시면 우리가 그와 같을 줄을 아는 것은 그의 참모습 그대로 볼 것이기"(요일 3:2) 때문이다. 이 정도 지식이면 충분하다! "아멘, 주 예수여, 오시옵소서"(계 22:20).

가려짐

그리스도의 재림에 대한 소망은 신약의 그리스도인들을 흥분시켰다. 재림에 대한 언급은 신약에서 평균 13절에 한 번 꼴로 300번 이상 나온다. 그러나 우리에게 재림은 그다지 흥미로운 일이 아니다. 한때 성령은 '사도신경의 신데렐라'로 가장 소홀히 취급되었으나 이제 이 말은 그리스도의 재림에 훨씬 더 적합한 말이 되었다. '그리스도의 재림'의 의미가 이토록 퇴색한 이유는 무엇일까? 거기에는 다음 네 가지 중요한 이유가 있다.

첫째, 오늘날은 2세기 중엽 이후의 예언 연구의 강렬한 경향, 즉 기도는 하지 않고 교회에 대해 비관하고 세상의 멸망을 선고하는 경향에 반발하는 시대다. 그리스도의 재림과 그 표적에 관련한 이런 태도, 또한 이런 태도와 맞물린 독단론 때문에(마가복음 13:32과 사도행전 1:7에도 불구하고), 그리스도의 재림은 정당한 자리를 잃고, 좋지 않은 인상만 주게 되었다.

둘째, 오늘날은 그리스도께서 인격적으로, 육체적으로 다시 살아나시고 승천하신 것을 회의적으로 바라보는 시대다. 그 결과 그분을 다시 볼 소망을 가질 수 있는지에 대해서도 의심의 눈초리를 보내고 있다.

셋째, 오늘날은 서구 세속주의와 마르크스의 이상주의에 대해 의문을 갖고 있으면서도 그리스도인들이 사회정의와 경제정의에 관심이 없다는 비난을 면하기 위해, '이런 세속적인' 견해에 도전하지도 못하고 망설이는 소심한 시대다. 그래서 그리스도가 이 세상을 심판한다는 사실이나 그리스도인의 소망은 이 세상 너머에 있다는 사실이 경시된다.

넷째, 적어도 오늘의 이 시대는 번영하는 우리 사회 그리스도인들 사이에 세속적인 마음이 팽배해 있어서 세상에서 누리는 좋은 것들을 생각하느라 그리스도께서 다시 오셔서 주실 더 좋은 것들에 대해 점점 더 생각하지 않게 되었다. 아무도 다른 사람이 박해받거나 궁핍하게 되는 것을 바라지 않는다. 그럼에도 그것이 바로 지금 자신에게 이익을 가져다줄 수 있다면 애써 막으려 하지 않는다.

이 네 가지 태도는 모두 건강하지 못하며 무가치하다. 하나님은 이런 태도를 극복하도록 우리를 도우신다.

준비하라

주님은 제자들에게 "준비하고 있으라 생각하지 않은 때에 인자가 오리라"(마 24:44)라고 말씀하셨다. 어떻게 예비해야 할까? 하나님과 사람에게 한 약속을 지켜서, 주님의 말씀대로 내일 일은 내일이 염려하게 하고 그날의 삶에 충실함으로써(마 6:34), 영국 국교회 찬송가에 나오는 "하루하루를 당신의 마지막 날처럼 살라"는 충고에 따라 우리는 그리스도의 재림을 준비해야 한다. 평균 수명을 염두에 두고 계획을 세우되 언제라도 삶을 정리하고 떠날 수 있도록 준비하라. 이것이 일상의 신앙규례가 되어야 한다. 주께서 다시 오셨을 때, 우리는 신앙의 부흥을 위해 기도하며 세상을 복음화할 계획을 세우고 있어야 한다. 그러나 무엇보다 삶을 정리하고 떠날 준비가 되어 있어야 한다.

보이스카우트 대원이라면 일어날 수 있는 모든 일에 "대비하라"는 좌우명에 따라 사는 법을 배울 수 있다. 그런데 그리스도인은 왜 그리스도의 재림이라는 중대한 사건과 관련하여 동일한 교훈을 배우는 데 그리 더딜까?

더 읽을 말씀

- 그리스도의 재림에 대한 그리스도인의 태도: 누가복음 12:35-48, 데살로니가전서 4:13-5:11, 베드로후서 3장

복습과 적용

- 그리스도의 장래 재림은 어떤 면에서 소망의 이유가 되는가?
- 그리스도는 다시 오셔서 무엇을 하실 것인가? 이것을 아는 당신은 어떻게 반응할 것인가?
- 성경이 그리스도의 재림에 대해 상세히 언급하지 않는 부분은 무엇인가? 하나님이 이것을 왜 알려주시지 않았다고 생각하는가?

14장 나는 성령을 믿으며

사도신경의 세 번째 단락은 "나는 성령을 믿으며"로 시작한다. 성부 하나님의 창조사역과 성자 하나님의 구원사역을 지나 사도신경은 성령 하나님의 재창조 사역을 말한다. 그 사역으로 우리는 그리스도 안에서 그리스도를 통해 실제로 새롭게 된다. 그래서 우리는 교회(새로운 공동체), 죄를 사하여 주시는 것(새로운 관계), 몸이 다시 사는 것(새로운 존재), 영원히 사는 것(새로운 성취)에 대해 듣는다.

그리스도의 영

성령 하나님은 거룩하시다('holy'라는 의미가 이를 알려준다). 성령은 활동적인 위격(位格)으로서 행동하시는 하나님이다. 그렇지만 무엇을 하고 어떤 목적에서 일하시는가? 여기에 대해서는 그릇된 믿음이 많다. 어떤 이들은 기독교나 이교도의 신비적인 상태와 예술적 영감을 성령과 연관시킨다. 또 세상의 표현으로 하면 '고결한' 느낌, 환상을 보거나 계시를 받는 일, 방언을 말하거나 병을 낫게 하는 일 등 오직 그리스도인 특유의 경험이라고 할 만한 것들만 성령과 연관시키는 이도 있다. 그러나 이것들이 성령이 하시는 일이라고 해도 단지 부차적인 요소에 지나지 않는다.

구약성경은 하나님의 창조사역(창 1:2)과 인간의 창작활동(출 31:1-6), 하나님의 선지자에게 영감을 불어넣어 줄 때(사 61:1, 니케아신조에는 성령이 "선지자를 통해 말씀했다"고 씌어 있다), 사사와 왕 등 하나님의 종들에게 능력과 필요한 것을 공급할 때(삿 13:25, 14:19; 사 11:2; 슥 4:6), 개인과 공동체의 신앙심을 일깨울 때(시 51:11; 겔 36:26-27, 37:1-14; 슥 12:10) 성령을 언급한다. 신약성경에서는 더 심오한 의미를 갖는다. 성령은 성부, 성자와 다른 위격으로 나타나며, '그리스도의 영'으로 언급된다(롬 8:9; 벧전 1:11).

성령의 사역에 대한 신약의 관점을 이해하려면 성령의 목적(뜻)과 성부의 목적이 동일함을 이해해야 한다. 즉 성령의 목적은 성부와 마찬가지로 영광과 찬양이 성자에게 돌려지는 것을 보는 것이다.

첫째, 성령은 사도신경의 표현대로 "성령으로 잉태된"(마 1:20) 그 순간부터 줄곧 성자를 도우셨다. 성자께서 세례를 받으셨을 때 성령이 비둘기처럼 그 위에 내린 것은, 성자께서 성령을 주시는 분일 뿐 아니라 그분 자신이 성령으로 채워진 분임을 보여준다(눅 4:1, 14, 18 참조). 성자께서 우리를 위해 자신을 희생 제물로 하나님께 바친 것은 '영원하신 성령'을 통해서였다(히 9:14).

둘째, 성령은 지금 예수를 대리하는 '다른 보혜사(돕고, 지원하고, 변호하고, 격려하는 분)로 활동하신다. 그분은 복음을 통해 우리에게 예수를 보여주사 믿음으로 우리를 예수께 연합시키시고, 우리 안에 '성령의 열매'가 자라게 하셔서 우리를 '주님과 같은 모습으로' 변화시키기 위해 우리 안에 머무르신다(고후 3:18; 갈 5:22-23).

"그[성령]가 내[그리스도] 영광을 나타내리니 내 것을 가지고 너희에게 알리시겠음이라"(요 16:14). 예수의 말씀으로 우리는 표면에 나서지 않으시는 성령의 특성을 알 수 있다. 성령은 그리스도께 조명을 비추는 스포트라이트처럼 활동하신다. 그러므로 우리는 성령이 아니라 그리스도를 보게 된다. 예수께서는 복음의 메시지로 "내게 오라, 나를 따르라"고 말씀하시며 우리 앞에 계신다. 우리가 내적인 믿음의 귀를 가지고 복음을 들을 때, 우리 안에서 예수를 향해 빛을 비추며 "그분께 가라. 그분과 친교를 나누라"고 끊임없이 재촉하시는 분이 계시다. 그분이 바로 성령이다. 그래서 우리는 그 말씀에 따른다. 우리의 삶을 그리스도인답게 만드시는 분이 바로 성령이다.

증언과 사역

성령은 증언하시는 분이요, 가르치시는 분이다(요일 5:7, 2:27, 4:2-3 참조). 첫째, 성령은 복음서의 예수, 신약의 그리스도가 실제로 계시며, "우리를 위해, 우리의 구원을 위해" 존재하는 분임을 믿게 해주신다. 둘째, 우리는 하나님의 자녀요, 그리스도와 더불어 하나님의 상속자라는 사실을 확신하게 해준다(롬 8:16-17). 마지막으로, 우리에게 그리스도를 증언하여 그리스도를 알게 하시고, 우리도 그리스도에 대해 증언하게 하신다(요 15:26 참조). 성령이 증언하여 이루시는 일들은 지금까지 비밀이었던 어떤 것을 사적으로 계시하는 것이 아니다. 성경에 있었지만 간과했던 하나님의 공공연한 증언을 개인적으로 받아들이는 일이다. 바울은 "너희 마음의 눈을 밝히사"(엡 1:18)라고 말하면서, 성령이 증언하는 일을 묘사한다.

셋째, 성령은 모든 그리스도인에게 하나 이상의 은사(하나님과 사람을 섬기면서 그리스도를 나타내는 능력)를 주셨고, 그리스도의 몸 된 교회에 속한 '각 구성원의 사역'을 실현하도록 하신다(고전 12:4-7; 엡 4:11-16).

이런 다양한 사역이 바로 그리스도의 지체인 우리를 통해 지금도 역사하시는 성령의 사역이다. 성령이 우리에게 은사를 주시는 이유는 그리스도를 더욱 잘 섬기고 영화롭게 하기 위해서이며, 은사를 통해서 그리스도의 사역이 지속될 수 있다.

성령의 표적

그러면 자신을 드러내지 않는 그리스도의 영이 역사하고 있음을 보여주는 표적은 무엇인가? 신비한 황홀경이나 환상, 상상 속 계시가 아니다. 심지어 치유나 방언, 명백한 기적도 아니다. 복잡한 우리의 몸과 마음, 타락한 우리의 본성을 이용하는 사탄도 이런 일들을 할 수 있다(살후 2:9-10; 골 2:18 참조). 확실한 표적은 그리스도의 은혜로 인하여 감사와 신뢰와 사랑을 받는 것, 믿는 자들이 실제로 죄에서 벗어나 거룩한 삶으로 돌아서는 것이다. 이 거룩한 삶이 그리스도의 백성 가운데 있는 그리스도의 형상이다(고전 12:3; 고후 3:17 참조). 이 두 가지가 판단의 기준이다. 예를 들어, 현대의 '은사주의적인 부흥운동'과 크리스천사이언스도 (물론 각각에 대한 판단기준은 다르겠지만) 이런 기준으로 판단해야 한다.

그러므로 그리스도인으로서 "성령을 믿으며"라고 고백할 때 그 말의 의미는 첫째, 성령을 통해 알게 된, 살아 계신 신약의 그리스도와 시공(時空)을 뛰어넘는 인격적 교제를 믿는 것이다. 둘째, 지금 내 안에 머무시며 그리스도인의 지식, 순종, 섬김으로 인도하시는 성령께 나를 맡기고, 날마다 그런 인도하심을 바라는 것이다. 셋째, 내가 하나님의 자녀이며 상속자임을 확신시켜 준 성령을 찬미한다는 고백이다. 성령을 믿는 일은 참으로 영광스럽다!

더 읽을 말씀

- 성령의 사역: 요한복음 7:37-39, 14:15-26, 16:7-15; 로마서 8:1-17

복습과 적용

- 성령의 일은 성부의 일, 성자의 일과 어떻게 다른가?
- '예수를 대리하는 분'으로서 성령은 무슨 일을 하시는가?
- 자신이 성령의 역사를 경험했는지 의심하는 기독교인에게, 당신은 어떻게 말하겠는가?

15장 거룩한 공교회와 성도의 교제와

사도신경이 교회를 언급하기 전에 성령에 대한 믿음을 고백하고, 개인의 구원(죄를 용서받는 것과 몸의 부활과 영생을 믿습니다)을 언급하기 전에 교회에 대해 말한 것("거룩한 공교회", 원래는 "The Holy Catholic Church"로 이를 직역하면 "거룩한 보편적 교회"이다. 이 장에서는 '공교회'라는 표현 대신 '교회'라고 썼다-옮긴이)은 엄격한 신학적 논리 때문이다. 성부와 성자가 교회를 사랑하셨고, 성자가 교회를 구속했지만, 실제로 성도에게 믿음을 일으킴으로써 교회를 세우는 분은 성령이기 때문이다. 또한 대개 개인이 구원을 받아 누리는 곳도 교회 안에서 성령의 사역과 교제를 통해서다.

안타깝게도 의견이 갈라지는 곳이 바로 이 부분이다. 로마 가톨릭 신자나 개신교 신자 모두 사도신경을 암송한다. 하지만 그들은 서로 분리되었다. 이유가 무엇인가? 기본적으로 '거룩한 공교회'(니케아신조에 의하면, "하나이며 거룩한 보편적 사도 교회")에 대한 이해가 다르기 때문이다.

가톨릭과 개신교

로마 가톨릭교회의 공식적인 가르침은 이렇다. 그리스도의 교회는 세례 받은 사람들로 구성된 단 하나의 조직체로서, 세례 받은 사람들은 교황과 연결되어 있고, 성직자들의 가르침과 그들의 성직서열을 인정해야 한다. 가톨릭교회는 성도들을 배출하며, 근본적인 죄를 멀리하기 때문에 '거룩하다'(holy). 전 세계에 전파되어 모든 사람이 믿음 안에서 온전한 신앙을 소유하고 있으므로 '보편적'(catholic)이다. 성직의 직제가 사도들로부터 유래되었고, 그 신앙(마리아 몽소승천, 마리아의 무염시태, 미사희생, 교황의 무오류설과 같은 비성경적인 교리를 포함한) 또한 사도에 뿌리를 두고 건전하게 성장했으므로 '사도적'(apostolic)이다. 로마 가톨릭교회가 아니면, 아무리 교회 같다고 해도 엄격히 말해서 교회가 아니다.

개신교는 성경에 근거해 이 견해에 도전한다. 개신교는 말하길, 성경에 근거한 교회는 머리 되신 그리스도 안에서 모든 믿는 자들이 교제하는 단 하나의 보편적 공동체다. 교회는 하나님이 성별하셨기 때문에(그럼에도 불구하고 심각한 죄를 지을 수 있지만) '거룩하다.' 전 세계 모든 그리스도인을 포괄하고 있으므로 '보편적'이다. 사도들의 교리를 순수하게 유지하려고 애쓰기 때문에 '사도적'이다.

교황, 성직서열제 등 성경 이외의 교리는 비본질적일 뿐만 아니라 사실상 왜곡된 것이다. 만약 가톨릭교회가 교회라면(일부 종교개혁가들은 의구심을 품는다), 이런 비성경적인 교리로 인해 교회인 것이 아니라 그런 약점에도 불구하고 교회인 것이다. 특히 성경에서 볼 때 무오류성은 하나님께만 해당되는 말이지 교회나 교회의 성직자에게는 해당하는 말이 아니다. 교회 안에서 또는 교회가 가르치는 어떠한 가르침도 "기록된 하나님의 말씀"에 의해 수정될 수 있다는 가능성에 대해 교회는 열려 있어야 한다(영국국교회 신조 20조).

일부 개신교 교회는 "거룩한 공교회" 다음으로, 교회가 무엇인지 밝히고 있는 사도신경의 "성도의 교제"라는 구절을 채택했다(한국 교회도 채택했다-옮긴이). 이 구절은 서로 사귐을 가지는 그리스도인들이 바로 교회임을 보여준다. 특정 성직구조에 대해서는 아무런 언급도 하지 않는다. 그러나 일반적으로 이 구절은 히브리서 12장 22-24절에 나타난 것처럼, "이 세상에서 전투 중인" 교회(church militant)가, 승리한 다른 교회(church triumphant, 낙원에 있는 성도들)와 그리스도 안에서 실제로 연합하는 것을 확언해주는 말이다.

이 구절이 원래 의도한 바는, 거룩한 일(말씀, 성례전, 예배, 기도) 안에서의 사귐을 명시하고, 교회에서 공동으로 하나님의 생명에 참여하는 일이 있다는 것을 진실하면서도 명백히 주장하기 위해서인 것 같다. 그러나 교회를 제도나 기관으로 보기보다 '사귐'(fellowship)으로 보는 이 '영적인' 관점은 사도신경에 의존하지 않고서도 성경에서 확인할 수 있다.

신약

개신교적 관점이 신약에 근거한다는 사실은 논쟁의 여지가 없다. 신약에서 교회는 성삼위 관계, 예컨대 성부 하나님의 가족, 성자 그리스도의 몸, 성령의 (머무시는 장소인) 전(殿)으로 언급한다. 또 성례전을 시행하고, 목회적 감독이 있는 한, 교회에 다른 어떤 조직상의 기준들이 있어야 한다는 주장은 찾아볼 수 없다. 교회는 구원받고 세례 받은, 또 그리스도가 오신 것을 돌아보며 감사하고, 다시 오실 것을 바라고 소망하는 하나님 백성의 초자연적인 사회(공동체)이다. "이는 너희가 죽었고 너희 생명이 그리스도와 함께 하나님 안에 감추어졌음이라 우리 생명이신 그리스도께서 나타나실 그때에 너희도 그와 함께 영광 중에 나타나리라"(골 3:3-4). 이것이 교회의 현 상태이자 예상되는 미래다. 성례 가운데 세례는 마지막 부활을, 성찬식은 "어린양의 혼인잔치"(계 19:9)의 소망을 예고한다.

그러나 모든 교회는(고린도 교회, 골로새 교회, 갈라디아 교회, 데살로니가 교회를 비롯한 모든 교회는) 신앙이나 도덕성 면에서 죄를 범하기 일쑤다. 그러므로 모든 차원(지성, 신앙, 예전, 조직)에서 하나님의 말씀 그리고 성령을 통해 끊임없이 잘못을 지적하고 개선해야 한다.

17-18세기 무렵, 부흥에 관한 복음주의 신학이 나타나고 현대의 '은사주의 부흥운동'이 전 세계적 규모로 나타난 사실은, 로마 가톨릭교와 개신교 논쟁자들이 교리의 진실성에 집중하느라 놓친 것, 즉 교회는 성령의 직접적인 지배에 항상 열려 있어야 하며, 정확하고 단정한 '죽은 교리'보다는 일면 무질서하게 보이는 교인들의 활기가 더할 수 없이 중요하다는 점을 상기시켜준다.

지역 교회

교회의 상태를 알 수 있는 정확한 척도는 지역 교회 안에서 일어나는 일들에 대해 알아보는 것이다. 부활의 영광을 바라보며 사는 동안, 교회는 비천함과 굴욕 속에서도 하나님과 사람을 섬기도록 부름받았다. 이런 보편적 교회가 눈에 보이도록 겉으로 드러난 것이 지역 교회다. 독립적으로 운영 성장되는 각 지역 교회는 하나님께 예배드리고 말씀을 전한다는 정신으로 충만하여 교인이나 비교인을 모두 똑같이 사랑하고 보살펴야 한다. 이런 지역 교회가 반역한 세상을 탈환하려는 하나님의 전투에서 선봉에 서야 한다.

더 읽을 말씀

- 교회의 본질과 운명: 베드로전서 2장, 에베소서 2:11-4:16

복습과 적용

- 로마 가톨릭교회의 신약 사용은 개신교와 어떻게 다른가? 이 차이는 각자 다르게 주장하는 교회 개념에 어떤 영향을 미치는가?
- 저자는 "성도의 교제"에 대해 어떻게 정의하는가? 당신은 이 정의에 동의하는가? 그렇지 않다면 이유는 무엇인가?
- 보편의 교회(보편 교회)와 관련하여 각 지역 교회의 기능은 무엇인가?

16장 죄를 용서받는 것과

죄란 무엇인가? 웨스트민스터 소요리 문답은 이렇게 말한다. "죄는 하나님의 법을 어기거나 또는 온전히 순종하지 못하는 것이다." 이 말은 요한일서 3장 4절의 "죄는 곧 불법"이라는 말씀을 반영한다. 죄는 이외에도 다른 면들이 있다. 죄는 율법을 주신 하나님 앞에서 불법이며, 의로운 통치자이신 하나님 앞에서의 반역이다. 또 우리를 지으신 하나님 앞에서 그 목적을 벗어난 것이고, 심판하시는 하나님 앞에서 범죄한 것이며, 마지막으로 거룩하신 하나님 앞에 깨끗하지 못한 것이다.

우리 인생에 매 순간 작용하는 강퍅함이 바로 죄다. 예수 그리스도를 제외하면 죄에서 자유로운 사람은 없다. 죄는 행위뿐만 아니라 욕망이나 동기에서도 나타난다. 영국국교회 기도서는 다음과 같이 진술한다. "우리는 자기 마음의 생각이나 욕망을 너무 많이 따랐다. … 우리는 해야 할 일들을 하지 않은 채 내버려두었고, 하지 말았어야 할 일들을 해버렸다. 그래서 우리는 (영적으로) 강건하지 못하다."

하나님의 눈에 비추어 보면, 죄는 모든 사람의 문제이다. 하나님은 "눈이 정결하시므로 악을 차마 보지 못하시며 패역을 차마 보지 못하시기" 때문이다(합 1:13). 그러나 우리가 보기에 삶은 도덕의 지뢰밭이다. 하나님과 이웃을 사랑해야 하는 데서도, 우리가 죄를 짓지 않으려고 노력할수록, 오히려 더 밟지 말아야 할 곳을 밟아버려, 산산조각이 된다는 사실을 뒤늦게 깨닫는 때가 얼마나 많은가? 결국 우리는 어떻게 되는가? "하나님의 진노가… 사람들의 모든 경건하지 않음과 불의에 대하여 하늘로부터 나타나나니"(롬 1:18).

그러나 좋은 소식이 있는데, 그것은 바로 우리가 죄를 용서받을 수 있다는 것이다. 복음의 핵심은 시편 130편 4절에 나오는 '그러나'라는 말에 있다. "여호와여 주께서 죄악을 지켜보실진대 주여 누가 서리이까 '그러나' 사유하심이 주께 있음은 주를 경외하게 하심이니이다." 다시 말하면, 주께서 용서하시기 때문에 우리가 온 마음으로 주님을 예배한다는 뜻이다.

극히 중대하고 실제적인 사실

용서는 개인적인 차원에서 사면해주는 것이다. 당신을 반대하고, 당신을 해치고, 당신에게 잘못을 저지른 사람과 우정을 회복하는 일이다. 그것은 (가해자에게 뜻밖의 친절을 베푼다는 점에서) 긍휼히 여기는 것이고, (손상된 관계를 회복한다는 면에서) 창조적이며, 결국 대가를 치르는 일이다. 하나님의 용서가 그 최고의 예다. 사랑의 하나님이 십자가의 희생을 감수하기까지 하면서 관계를 회복하셨기 때문이다.

죄를 용서받을 수 없다면, 우리는 어떻게 될까? 그럴 경우 우리는 보편적으로 양심의 가책 상태에 빠지게 된다. 이때 어떠한 표면적인 변화로도 이 상태에서 벗어나도록 해주거나 경감시켜주지 못한다. 깨어 있을 때는 언제나 죄책감을 떨칠 수가 없다. 양심이 깨어 있을수록 하나님과 이웃을 저버렸다는 생각에서 벗어나지 못한다. 죄 용서, 곧 하나님의 죄사함이 없다면 평안도 없다. 괴로움이 크게 자리잡고, 당신을 갈기갈기 찢어, 현세에서나 내세에서나 실로 지옥이다.

루터는 이 사실을 알았다

죄로 고민하던 어떤 사람이 루터에게 편지를 썼다. 역시 이 문제로 오래 고뇌했던 종교개혁가 루터는 이렇게 답장을 썼다. "그리스도, 그분이 십자가에서 죽으셨다는 것을 배우고 아십시오. 그분을 찬양하는 법과 '주 예수님, 주님은 나의 의(義)이시며, 나는 당신의 죄입니다. 당신은 나의 죄를 대신 지셨고, 내게 당신의 의를 입혀주셨습니다. 나를 죄 아닌 의가 되게 하시려고, 당신은 의 아닌 죄가 되시었나이다'라고 말하는 법을 배우십시오."

바울의 말과 비교해보라. "하나님이 죄를 알지도 못하신 이를 우리를 대신하여 죄로 삼으신 것은 우리로 하여금 그 안에서 하나님의 의가 되게 하려 하심이니라"(고후 5:21).

살아 계신 주 예수와 믿음으로 하나가 되라. 그러면 굉장한 보응이 이루어진다. 예수의 대속(代贖)의 죽음을 통해, 하나님은 당신을 의로운 사람으로 받아주시고, 당신의 죄를 말소하신다. 이것이 의롭다 함(칭의)이며, 죄사함이며, 평안이다.

로마서와 갈라디아서를 쓴 바울이나 이후의 종교개혁가들은 죄사함보다 의롭다 함을 강조했다. 의롭다 함이 죄사함보다 포괄적인 개념이기 때문이다. 의롭다 함은 과거를 씻어내는 것뿐만 아니라 장래 천국의 삶과 의인으로서의 지위를 선물로 받는 것을 의미한다. 또한 의롭다 함은 하나님이 우리의 과거를 기억하시지 않겠다는 최종적인 결정이다. 따라서 현재의 죄사함이 단지 한시적인 참음(인내)을 의미하는 데 비해 의롭다 함은 확신의 토대가 된다. 그러므로 하나님의 심판의 자리에서 공식적으로 무죄를 선언하고 원상태를 회복시켜주는 의롭다 함이 실제로 더 큰 개념이다.

오직 믿음으로

과거(오늘날 상황은 분명하지 않지만), 로마 가톨릭교회는 의롭다 함의 중요성을 파악하지 못했다. 그리고 그리스도의 의가 의롭다 함의 온전한 근거가 된다는 것도 이해하지 못했고(톱레디는 찬송가에서 "구속 못할 죄인을 예수 홀로 속하네"[새찬송가 494장]라고 표현했다), 공로로 의롭다 함을 얻으려 하지 말고 다만 하나님이 값없이 주시는 은혜의 선물로 여겨야 한다는 것도 깨닫지 못했다. 그 결과 로마 가톨릭교회는 성례전, '선행'과 더불어 내세의 연옥에서 치러야 할 형벌의 고통이 반드시 필요하다고 주장했다. 그러나 종교개혁가들은 바울이 그랬던 것처럼, 지금 이곳(현세)에서 죄사함의 결정적인 행위를 통해 완전히 최종적으로 받아들여진다고 설교했다. 그리고 그것은 오직 믿음에 의한 것이라고 설교했다. 종교개혁가들은 바울의 주장처럼, 지금 바로 이곳에서 예수 그리스도를 믿음으로 말미암아 죄사함을 받아 완전한 의인으로 받아들여진다고 설교했다. 오직 믿음으로 말이다.

왜 오직 믿음인가? 그리스도의 의(義)만이 죄사함과 평안의 근거이며, 그리스도와 그분이 주신 선물은 우리가 오로지 이 믿음을 간직함으로써만 얻을 수 있기 때문이다. 믿음은 하나님의 진리를 믿을 뿐만 아니라 그리스도를 신뢰하고, 그분이 주시는 것을 간직하며, 그래서 현재 자신이 무엇을 소유하고 있는지 아는 것이다.

하나님의 죄사함의 선물이 믿음으로 이미 당신의 것이 되었는가? 당신은 오직 믿음으로 말미암아 하나님이 주시는 죄사함의 선물을 이미 받았는가? 그것은 쉽게 잃어버리기도 한다. 바울은 유대인들이 그것을 잃어버렸다고 말했다. 그들은 하나님을 섬기는 데 열심이 있었다. 그러나 로마서 10장 2절 이하에는 그들이 자기 의를 세우려고 힘쓰면서(곧, 행위로 하나님의 인정을 받으려고 하면서), 하나님의 의(오직 그리스도를 믿는 믿음으로만 죄사함과 의인에 이르는 길)에 복종하지 않은 것이 비극이었다고 지적한다. 슬프게도 우리는 스스로 죄인이면서 마음속까지 의로우며, 스스로 끊임없이 의로워지려고 애쓰고 있다. 더 나아가 자신에게 심각한 잘못이 있다는 것과 하나님이나 다른 사람과 심각하게 대립하고 있다는 사실을 인정하지 못하고 있다. 애석한 일이다. 믿음이 온전히 서기 전이라도, 우리는 이런 우리의 그릇된 본능을 억제해야 한다. 하나님은 우리가 유대인의 비극을 반복하지 않도록 지키신다.

더 읽을 말씀

- 공로에 의해서가 아니라 그리스도를 믿는 믿음으로 얻는 의롭다 함: 로마서 5장, 10:1-13, 갈라디아서 2:15-3:29, 빌립보서 3:4-16

복습과 적용

- 죄사함이란 무엇인가? 개인적인 차원에서 그것은 용서받은 사람에게 어떤 역할을 하는가?
- "나를 죄 아닌 의가 되게 하시려고, 당신은 의 아닌 죄가 되시었나이다"라는 말에서 루터가 의도한 것은 무엇인가?
- 왜 죄사함은 오직 믿음을 통해서만 받을 수 있는가?

17장 몸의 부활과

성경은 인생에서 필연적으로 찾아오는 죽음을 파괴자로 언명한다. 나의 영혼이 육신과 분리될 때, 나는 이전의 모습과 완전히 달라질 것이다. 나의 육체는 나의 일부이자 나를 표현하는 기관이다. 육신이 없다면 어떤 것을 만들거나 어떤 일을 하거나 동료와 관계를 맺는 나의 모든 능력이 사라진다. 자신의 재능을 십분 발휘하는 사람을 떠올려보라. 반면 그가 중풍에 걸려 마비된 상태를 상상하여 비교해보라. 이제 다시 그 중풍병자와 완전히 육체가 소멸되고 없는 사람을 비교해보라. 내가 무슨 말을 하려는지 알 것이다. 중풍병자는 혼자서 온전히 할 수 있는 일이 '많지' 않으나, 육체가 소멸된 사람은 할 수 있는 일이 '전혀' 없다. 비록 죽음이 존재의 끝은 아니더라도 죽음은 존재를 무효화하며 말 그

대로 존재를 파괴하는 것이다.

죽음에 대처함

죽음은 인간의 근본적인 문제다. 죽음이 실제로 인생의 끝이라면, 우리 인생에서 방종 이외에 다른 어떤 것도 필요하지 않을 것이다. "죽은 자가 다시 살지 못한다면 내일 죽을 터이니 먹고 마시자 하리라"(고전 15:32).

　죽음을 다루지 않는 철학이나 종교는 우리에게 아무 쓸모가 없다. 기독교는 여기에서 단연 돋보인다. 세계의 종교와 이념 중 기독교만이 죽음을 정복했다. 기독교 신앙은, 예수의 육체가 무덤에서 다시 살아나 지금 하늘에서 영원히 사신다는 사실을 믿고 소망한다. 이 소망은 예수께서 다시 오시는 날, 역사가 끝나고 이 세계가 끝나는 때, 그분이 "우리의 낮은 몸을 자기 영광의 몸의 형체와 같이 변하게 하시리라"는 것이다(빌 3:21; 요일 3:2 참조). 이것은 그리스도께서 다시 오셨을 때 살고 있을 그리스도인들뿐 아니라 그리스도 안에서 죽은 모든 사람을 포함한다. "무덤 속에 있는 자가 다 그[예수님]의 음성을 들을 때가 오나니 선한 일을 행한 자는 생명의 부활로… 나오리라"(요 5:28, 29).

　그리고 몸이 다시 산다는 것은 전(全) 존재, 곧 나의 일부가 아닌 나의 전부가 하나님을 위해, 하나님과 함께 사는, 생동하고 창조적이며 죽지 않는 생명으로 회복되는 것을 의미한다.

새로운 몸

하나님은 믿는 자들을 다시 살리시면서, 보잘것없는 옛 육체가 아닌 새사람에 어울리는 새 몸을 선물로 주어 구원을 완성하신다. 하나님은 중생과 성화를 통해 이미 우리의 내면을 새롭게 해 오셨다. 이제 우리는 거기에 어울리는 몸을 받는다. 새로운 몸은 옛 육체와 연관되어 있지만, 식물이 그 씨앗과 다른 것처럼 다르다(고전 15:35-44을 보라). 나의 현재 몸은 낡은 자동차와 같아서, 아무리 손을 써도 작동이 둔하고 정확하지 않다. 가끔은 나나 내 주인이 이 자동차에서 내려야만 한다. 그렇다면 실로 낭패가 아닐 수 없다! 그렇지만 나의 새 몸은 최고급 승용차처럼 부드러워서 더 이상 낭패당할 일이 없다.

당신도 역시 자기 몸을 사랑하기에, 그 몸이 지닌 제약 때문에 나처럼 화가 날 때가 있을 것이다. 그렇다면 하나님이 우리에게 완전하지 않은 육체를 주신 것은 장차 우리에게 주실 더 훌륭한 몸을 잘 다루도록 준비시키기 위함이라는 사실을 알면 좋겠다. C. S. 루이스는 이런 말을 한 적이 있다. "그들은 말 타는 법을 배우라고 당신에게 그다지 인상적이지 않은 말을 준다. 그러나 당신이 준비되었을 때는 질주하고 점프도 잘하는 말을 허락한다."

나는 몹시 키가 작은 한 사람을 알고 있다. 그는 하나님이 부활의 날에 자신에게 주실 새 육체를 준비해두셨다는 것을 생각하며 기뻐서 울 때가 있다. 나는 기형이거나 극도로 쇠약한 사람, 불구자, 호르몬이 불균형한 사람, 여러 가지 장애를 안고 있는 사람 등 신체적으로 한두 가지 결점이 있는 우리 주변의 그리스도인들을 생각하면서, 그날이 오면 그들과 당신의 것, 또 나의 것이 될 이 특별한 기쁨의 조건 때문에 감격의 눈물을 흘린다.

영혼과 육체

사도신경에 몸의 부활이 들어가게 된 것은 (아마 주후 3세기경에 널리 퍼졌고 오늘날에도 없지 않은) 어떤 생각을 막기 위해서인 듯하다. 그 생각이란 인간의 희망은 영혼이 불멸한다는 데 있으며, 그 영혼은 육체가 없어야 더 잘된다는 생각이었다. "육체는 무덤이다"라는 말이 이 관점을 잘 요약해준다. 그러나 이런 생각은 물질(하나님이 만드셨고, 좋아하시고, 좋았다고 선언하신)과 인간(인간은 자신이 저지른 수치스러운 일들을 자신의 천박한 물질의 껍데기 탓으로만 돌릴 수 있는 고상한 영혼만의 존재가 아니다. 인간은 영혼과 육체의 결합체이다)에 대해 잘못된 견해를 나타낸다. 나의 욕망이 작용한다는 점에서, 육체는 죄의 영향을 받는다. 그렇지만 이러한 욕망이 나의 일부이며, 그 욕망이 표출해낸 것이 무엇이든 간에 그것에 대한 도덕적 책임이 내게 있다는 것을 인정해야 한다. 심판에 대한 성경의 원칙은 우리 각자가 "선악 간에 그 몸으로 행한 것을 따라"(고후 5:10) 심판을 받는다는 것이다.

그리스도와 같은

장차 우리의 몸도 그리스도의 "영광의 몸"(빌 3:20-21)과 같이 변화하게 하신다는 약속을 믿고 우리는 다음과 같은 질문을 던져 볼 수 있다. 그리스도처럼 변한다는 우리의 약속된 운명을, 우리는 마음에서 환영하고 기꺼이 받아들이는가?(요일 3:2 이하 참조) 이 질문을 대하면서 우리는 자신에게 진실해질 수 있다. 어떤 사람들은 (성적 흥분, 잠, 음식, 운동, 폭력, 술이나 마약에 의존한 쾌락 등) 육체적인 욕망을 채우는 데서 자신의 정체성을 찾고, 결국에는 고통만 안겨줄 뿐인데도 변화된다는 것은 이 육체를 빼앗기는 것이라고 느끼며, 육체의 욕망에 좌우되지 않은 예수를 '핏기 없는 갈릴리 사람' 정도로 여기기 때문이다. 스윈번(19세기 영국의 시인이자 평론가-옮긴이)은 예수의 차디찬 숨결 때문에 세상이 얼어붙었다고 말했고, D. H. 로렌스는 이교도 여사제와 성생활 하는 예수를 상상하며 그분을 인간화(이제까지 내가 이 단어를 쓴 것 중 가장 엉뚱하게 쓰인 경우일지라도 로렌스에게 공정을 기하기 위해 이 단어를 쓴다)시키고 싶어했다. 이런 시각에 따르자니 예수님과 같이 된다는 것은 생생한 죽음에 처해진다는 것과 같은 말처럼 들린다. 당신 내면에서는 어떻게 들리는가?

당신에게도 그렇게 들린다면 해줄 수 있는 말은 이것뿐이다. 지금까지 살았던 생명 가운데 유일하게 완전한 인간의 생명은 예수의 육체와 영혼임을 이해할 수 있게 해달라고 하나님께 간구하라. 그리고 그것을 이해할 수 있을 때까지, 복음서에서 예수를 만나고 그분을 가만히 바라보라. 그러면 예수처럼 된다는 소망이 어떤 것인지, 또 당신에게 얼마나 고결하고 멋진 약속인지 깨닫게 될 것이다. 그리고 그 점을 받아들인다면 당신은 그분의 참된 제자가 될 것이다. 그러나 당신이 그것을 이해하게 될 때까지 우선 나를 믿으라. 아직까지 이해가 안 된다고 해서 당신에게 희망이 없다고 생각하지 말라.

더 읽을 말씀

- 부활의 소망: 마가복음 12:18-27, 고린도전서 15:35-58, 빌립보서 3:4-16

복습과 적용

- 죽음을 다루지 않는 종교는 우리에게 왜 가치가 없는가?
- 죽음이 정복되었음을 보여주기 위해 성경은 우리에게 어떤 증거를 제시하는가?
- 부활한 자들의 상태에 대해 우리는 얼마나 안다고 말할 수 있는가?

18장 영생을 믿습니다

프레드 호일(20세기 영국의 공상과학 소설가이자 천문학자-옮긴이)과 버트란트 러셀 같은 무신론자들은 장래의 영원한 삶을 생각하면 두려워진다고 말했다. (그들이 그렇게 말하는) 이유는 너무나 지루할 것 같기 때문이란다! 그들은 현세의 삶이 지루하다는 것을 잘 알았다. 그러나 그들은 인간이 영원히 흥미롭고 가치 있는 존재로 만들어질 수 있다는 것까지는 생각지 못한 모양이다. 불쌍한 사람들이다. 여기에서 우리는 하나님 없는 삶의 황폐함과 그것이 초래하는 암담한 비관주의를 보게 된다.

그러나 모든 현대인이 호일과 러셀 같은 것은 아니다. 어떤 사람들은 죽음에서 살아남기를 갈망한다. 그런 사람들은 죽은 다음에도 그 존재가 없어지지 않는다는 증거를 얻기 위해, 강신술에 관심을 쏟았다. 그러나 세 가지 사실에 주목해야 한다. 첫째, 죽은 자에게 받는 '메시지'란 지극히 사소하고 자기집착적인 것들이다. 둘째, 그 메시지는 현세에서 하나님과 동행하며 살았던 사람들에게서 오는 것이 아니다. 셋째, 영매와 그들이 지배하는 '혼령들'은 예수의 이름을 듣고 당황한다. 이 세 가지 사실로 우리는 강신술이란 영원한 삶을 찾는 소망의 길에서 막다른 골목으로 한참 벗어났음을 알리는 경고의 목소리임을 알 수 있다.

예수의 임재가 천국을 만든다

사도신경이 "영생", 즉 '영원히 사는 것'이라고 말할 때, 그것이 의미하는 것은 단지 영원히 존재하는 것(귀신이나 잃어버린 영혼들도 영원히 존재한다)이 아닌, 예수께서 다다르셨고, 그분을 따르는 자들도 언젠가는 모두 함께 누리리라고 그분이 약속하고 기도하신 최후의 기쁨을 의미한다(히 12:2). "…나 있는 곳에 나를 섬기는 자도 거기 있으리니 사람이 나를 섬기면 내 아버지께서 그를 귀히 여기시리라"(요 12:26). "아버지여 내게 주신 자도 나 있는 곳에 나와 함께 있어… 나의 영광을 그들로 보게 하시기를 원하옵나이다"(요 17:24).

천국의 본질은 예수와 함께 거하는 것이다. 그것이 영원히 사는 삶과 관련한 전부다. 존 버니언의 「천로역정」에 나오는 '견고함' 씨는 "이전에 나는 들음과 믿음에 의지해 살았지만, 이제는 보는 것에 의지해 사는 곳으로 간다. 그곳에서 나는 함께 있으면 기쁜 그분과 함께 살 것이다'라고 말했다. 천국에서 우리는 무엇을 할까? 그저 어슬렁거릴까? 아니다! 가볍게 몸을 움직이고, 아름다움을 즐기며, 사람들과 교제하고, 하나님을 즐기면서 예배하고, 일하고, 생각하고, 대화를 나눌 것이다. 그러나 무엇보다도 우리의 구주요, 주님이요, 친구이신 예수를 만나고 사랑할 것이다.

끝없는 기쁨

영원히 지속되는 이 삶은, 존 뉴턴이 작사한 찬송가 '나 같은 죄인 살리신' 4절에서 가장 생생하게 묘사된다.

거기서 우리 영원히 주님의 은혜로

해처럼 밝게 살면서 주 찬양하리라

나는 지금 들뜬 마음으로 이 글을 쓰고 있다. 이렇게 영원히 사는 것이야말로 내가 고대하던 삶이기 때문이다. 왜 그런가? 현세에서의 삶이 싫어서? 아니다. 오히려 그 반대다. 나의 삶은 네 가지 근원에서 나오는 기쁨으로 가득 차 있다. 하나님을 아는 지식, 사람들, 하나님과 하나님의 백성들이 만들어내는 선하고 즐거운 일들, 하나님의 백성으로서 하나님께, 또 사람들에게, 그리고 나 자신에게 가치 있는 일을 하는 것. 이것이 나의 삶에 기쁨을 주는 네 가지 근원이다. 그러나 내가 앞으로 누릴 것은 지금 내가 누리는 것을 능가한다.

하나님과 나의 관계, 사람들과 나의 관계는 내가 원하는 만큼 풍요롭지도 충만하지도 않다. 나는 위대한 음악, 위대한 시, 위대한 책, 위대한 삶, 위대한 자연 질서에서 과거 내가 생각했던 것보다 항상 더 많은 것들을 발견한다. 나는 나이를 먹을수록 하나님, 사람들, 선하고 사랑스럽고 고귀한 일들의 진가를 점점 더 강렬하게 인식해간다. 이 즐거움이 영원히 지속되고 계속 커간다고 생각하면 기쁘기 그지없다. 물론 그 즐거움이 어떤 형태일지는 하나님만 아시고 나는 모른다. 다만 나는 그것을 보고 싶어하며 기다리는 것에 만족할 따름이다. 그리스도인이란 요정 이야기를 통해 상상해본 운명(참 놀라운 환상의 삶)을 실제로 상속받는 사람들이다. 어리석은 죄인이지만 구원받은 우리, 우리는 지금 행복하게 살고, 더 나아가 하나님의 영원한 자비 덕분에 앞으로도 영원히 행복하게 살 것이다.

우리는 천국의 삶을 상상으로도 그려볼 수 없다. 그리고 현명한 사람 같으면 애써 그런 노력도 하지 않는다. 대신 구원받은 사람들의 마음을 온통 사로잡고 있는 천국의 원칙이 있다. 즉, 주님과 함께하는 기쁨, 주님의 백성과 함께하는 기쁨, 모든 좌절과 고통이 끝나고 모든 곤궁함이 충족되는 기쁨을 곰곰이 되새기는 일이다. "천국에서는 원하기만 하면, 순식간에 사탕이 나타나고, 강아지가 생겨난단다." 순간의 상황을 모면하기 위해서 아이들에게 일부러 이런 말을 하는 것은 아니다. 실제로 천국에서는, 부족함이나 갈망이 충족되지 않는 경험을 하기 어렵다는 증언이다. 그러나 "항상 주와 함께"(살전 4:17) 있고 싶어하리라는 사실을 제외한다면, 실제로 우리가 무엇을 원하는지 아는 것은 거의 없다.

가끔 우리는 아주 기쁠 때, "이 순간이 멈추지 않았으면 좋겠어"라고 말한다. 하지만 그 순간은 지나고 만다. 그러나 천국은 다르다. 천국의 기쁨이 당신의 것이 되고, 나의 것이 되기를 기도한다.

더 읽을 말씀

- 우리의 목적지: 요한계시록 21:1-22:5

복습과 적용

- 저자는 왜 영매현상을 회의적으로 보는가?
- 천국은 왜 기쁨이 가득한 곳인가? 개인적으로 당신은 천국을 고대하는가? 왜 그런가, 아니면 왜 그렇지 않은가?
- 천국에 있는 사람들은 무엇을 할까?

제임스 패커의 기독교 기본 진리
사도신경

초판 1쇄 인쇄 2012년 9월 24일
초판 9쇄 발행 2023년 5월 12일

지은이 | 제임스 패커
옮긴이 | 김진웅
펴낸이 | 정선숙
펴낸곳 | 협동조합 아바서원

등록 | 제 110-91-30401(2005년 2월 21일)
주소 | 경기도 고양시 덕양구 삼원로51 원흥지식산업센터 606호
전화 | 02-388-7944 **팩스** | 02-389-7944 **이메일** | abbabooks@hanmail.net

ISBN 978-89-969503-1-8
 978-89-969503-0-1(세트)

잘못 만들어진 책은 구입한 곳에서 교환해 드립니다.